Paul Chaim Eisenberg

LACHEN, WEINEN, HOFFNUNG SCHENKEN

PAUL CHAIM EISENBERG

LACHEN, WEINEN, HOFFNUNG SCHENKEN

Wenn der Rebbe vom Leben erzählt

EINLEITUNG
6

WENN DER REBBE
SCHABBES MACHT
12

WENN DER REBBE SINGT
22

WENN DER REBBE WEINT
36

WENN DER REBBE TRÄUMT
54

WO DER REBBE HERKOMMT
68

WENN DER REBBE LERNT
76

WENN DER REBBE EINE FAMILIE HAT
94

WENN DER REBBE FUSSBALL SPIELT
114

WENN DER REBBE HERUMFÄHRT
122

WENN DER REBBE HILFT
144

WENN DER REBBE
AUSNAHMEN MACHT
156

WENN DER REBBE
DAS BUCH FERTIGSCHREIBT
172

KÜRZLICH FRAGTE MICH JEMAND: „Wie geht das eigentlich, ein Buch schreiben? Das muss doch wahnsinnig schwer sein. Wie kommst du auf all die Ideen, die du dafür brauchst?"

Das gab mir zu denken.

Aber dann fiel mir folgende Antwort ein: „Ich habe einen Partner, einen Helfer beim Schreiben des Buches. Die erste Hälfte des Buches schreibe nämlich gar nicht ich: Die schreibt der liebe Gott. Er bringt mich in Situationen oder schafft die Koordinaten, und ich muss dann daraus die fertige Formel, das Buch, machen."

Genau auf diese Weise hat mich der Ewige in eine Situation gebracht – sie ist in diesem Buch beschrieben –, in der ich das berühmte chassidische Lied „As der Rebbe lacht" ein wenig abgewandelt habe, um die Anwesenden hoffentlich zu einer guten Tat zu inspirieren. Davon später.

Diese Situation hat aber nicht nur die anderen inspiriert, sondern in erster Linie mich selbst: Denn mir kam dabei neu zu Bewusstsein, wie wunderbar der Text dieses Liedes die innige Beziehung zwischen einem Rabbi und seiner Gemeinde beschreibt („Un as" ist Jiddisch und bedeutet auf Deutsch „und als"):

Un as der Rebbe lacht, un as der Rebbe lacht,
lachen alle Chassidim, lachen alle Chassidim:
Ha-ha-ha-ha-ha, ha-ha-ha-ha-ha,
lachen alle Chassidim.

Un as der Rebbe singt, un as der Rebbe singt,
singen alle Chassidim, singen alle Chassidim:

Tra-la-la-la-la, tra-la-la-la-la,
singen alle Chassidim.

Un as der Rebbe tanzt, un as der Rebbe tanzt,
tanzen alle Chassidim, tanzen alle Chassidim:
Hoppa, hoppa hej, hoppa, hoppa hej,
tanzen alle Chassidim.

Un as der Rebbe weint, weinen alle Chassidim ...
ojojojojoj ...

Un as der Rebbe schluft (schläft)
schweigen alle Chassidim ...
(damit sie ihn nicht aufwecken).

Mir ist aufgefallen, dass ein Rabbiner noch vieles macht, was die Chassidim, seine Anhänger, mitmachen können. Und so habe ich in letzter Zeit einige zusätzliche Strophen erfunden. Zwei davon lauten:

Un as der Rebbe helft (hilft),
helfen alle Chassidim.

Un as der Rebbe lehrt,
lernen alle Chassidim.

Fast alle Kapitel dieses Buches habe ich deswegen mit einer Tätigkeit des Rabbiners bezeichnet, die zum Teil von der Gemeinde nachgemacht werden kann, zum Teil aber auch nicht. Denn ich finde, das ist eine gute Beschreibung des Verhältnisses zwischen Rabbi und Gemeinde sowie der Art und Weise, in der er sie leitet, ihr Vorbild ist. Dieses Lied ist ein Volkslied und wird von manchen Gegnern der Chassidim als Schmählied *gegen* den Rabbi und *gegen* die Chassidim interpretiert. Nach Meinung dieser Kritiker soll das Lied darstellen, dass die Chassidim den Rabbi nur nachäffen. Das wäre natürlich kein besonderes Lob.

Man kann es aber auch so sehen (und ich ziehe diese Interpretation entschieden vor): Der Rabbi ist ein Vorbild, und man kann vom Rabbi lernen, wie man inbrünstig betet, wie man klug spricht und wie man sein Leben richtig führt.

Wenn aber ein Chassid sagt: „Der Rabbi hat sich an dieser Stelle des Gebets die Nase geschnäuzt, das muss etwas bedeuten, also werde ich immer, wenn ich an dieser Stelle ankomme, mir die Nase schnäuzen", dann wäre das natürlich dumm. Diese Art der Nachahmung sei keinem empfohlen!

Ich möchte die Vorbildwirkung des Rabbiners nicht wörtlich und buchstabengetreu, sondern dem Geiste nach verstanden wissen. Ein wenig so wie in der Geschichte von den Chassidim, die ihrem Rabbi vor zweihundert Jahren die allerneueste Erfindung, eine Dampflokomotive, präsentieren wollten und ihn baten, sich diese am Bahnhof anzuschauen. Der Rabbi ging mit seinen Chassidim zum Bahnhof und sah, wie der Heizer Kohlen in den Ofen der Lokomotive schaufelte, sodass die Lokomotive viele Waggons ziehen konnte. Da sagte er: „Das ist doch nichts Neues. Mir war schon immer bekannt, dass einer, der Feuer hat, viele andere mitziehen kann."

Nun muss ich euch, liebe Leserinnen und Leser, noch etwas gestehen: Ich bin eigentlich mehr ein Erzähler von

Geschichten als ein Schreiber von Geschichten. Vor meinem ersten Buch hatte ich so viel Respekt vor dem geschriebenen Wort, dass ich es lieber gar nicht versuchen wollte. Aber, weil ein Rabbiner diese Welt nicht verlassen sollte, ohne etwas Bleibendes zu hinterlassen, habe ich mich letztlich doch dazu durchgerungen, vom gesprochenen zum geschriebenen Wort zu wechseln. Auch hat Verlagschef Nikolaus Brandstätter mich dazu ermutigt. Bei der Präsentation meiner Bücher habe ich dann wieder mehr geredet und manchmal auch gesungen. Dass mein Geschriebenes deshalb oftmals nahe am Gesprochenen angesiedelt ist, besonders, wenn es sich um eine Anekdote handelt, rührt ebendaher – und ich halte das nicht für einen Makel.

NACHDEM ICH MICH in meinen bisherigen Werken mit jüdischer Weisheit und jüdischem Humor beschäftigt habe, handelt das vorliegende Buch aber von etwas gänzlich anderem: nämlich von meinem Leben. Mein Verlag wollte von mir eine Autobiografie – mir gefällt das Wort Memoiren besser. Aber da gab es auch noch meinen oben erwähnten Co-Autor, der von keinem Verlag zu bändigen ist. Er brachte und bringt mich immer wieder dazu, mein eigenes Leben wie jenes der anderen Menschen nicht nur als eine beliebige Serie von Ereignissen zu betrachten, sondern auch nach den Zusammenhängen und den Lehren zu forschen, die diese Erlebnisse enthalten. Die Erzählweise ist dabei nicht zwangsläufig chronologisch und vor allem nicht erschöpfend, sondern orientiert sich an der Methode, die die Bibel verwendet. In ihr wird viel über das Leben Abrahams erzählt. Die Tora schreibt, dass der Ewige von Abraham verlangt, er möge ihm am nächsten Morgen seinen Sohn Jizchak opfern. Würde dort alles chronologisch erzählt, müsste der nächste Tag folgendermaßen beschrieben werden: „Abraham putzte sich in der Früh die Zähne, dann aß er ein Butterbrot mit Eierspeis, dann las er die Zeitung und erledigte noch drei Anrufe mit seinem Handy, bevor er sich auf den Weg machte, um dem Wunsch Gottes zu entsprechen." So ist es aber nicht: Die Tora beschränkt sich auf das Wesentliche.

Mein Buch ist zwar keine Bibel, aber auch ich bringe nur die wesentlichen Storys. Auch bleibe ich trotzdem bei meinem Metier, jüdische Weisheit und jüdischen Humor mit meiner Familiengeschichte zu verbinden. Wäre es anders, dann wäre es nicht mein Buch.

WENN DER REBBE SCHABBES MACHT

FÜR UNS JUDEN ist der wöchentliche Schabbat, im Volksmund *Schabbes* genannt, bekanntlich nicht nur ein Ruhetag, sondern ein heiliger Tag mit vielen Bräuchen. Im Schtetl haben Juden unter der Woche oft fast nur Brot und gekochte Kartoffeln gegessen, damit sie für den Schabbat, einmal die Woche, etwas Besseres einkaufen konnten.

In meinem Elternhaus gab es wochentags Butter aufs Brot und Eierspeis auf die Kartoffeln, aber das Schabbatmahl war auch bei uns etwas ganz Besonderes: Meist gab es Fisch, Suppe, Fleisch mit Beilagen und als Nachspeise einen guten Kuchen mit Kompott.

Besonders war auch, dass nur am Schabbat nicht in der Küche, sondern im Speisezimmer serviert und gegessen wurde, auf einem blütenweißen Tischtuch, von einem Schabbat-Geschirr und mit versilbertem Besteck neben den leuchtenden Kerzen, die meine Mutter vor Schabbat entzündet hat.

Im Schtetl war es trotz der bedrückenden Armut üblich gewesen, zum Schabbat-Tisch einen Gast einzuladen, mitunter einen, der sich auf der Durchreise befand. Meine Eltern haben diesen Brauch weitergeführt und am Freitagabend jemanden aus dem Stadttempel – unserer Synagoge – mit nach Hause genommen, auch wenn es ein Fremder war. Allerdings wussten wir meist schon vorher, wer eingeladen wurde: Oft waren es Gäste aus Israel, die sich freuten, beim Oberrabbiner zu Hause Schabbes feiern zu dürfen. Trotzdem bestand die Möglichkeit, dass mein Vater zusätzlich zu diesen schon eingeplanten Gästen noch einen weiteren Gast aus der Synagoge mitbrachte. Meine Mutter legte also zur Sicherheit ein Gedeck mehr auf, als wahrscheinlich benötigt werden würde, und goss ein bisschen mehr Wasser in die Suppe – auch das hat man schon in der alten Zeit im Schtetl genau so gemacht.

Schon in der Tora gibt es zu dieser Tradition eine schöne und lehrreiche Geschichte, die mich schon als Kind stark beeindruckte. Dort heißt es, dass unser Stammvater Abraham, der doch eine Zeit lang der einzige Jude auf der Welt war, mit seiner Gastfreundschaft auch „Mission" betrieben habe. Denn wenn Wanderer an seinem Haus vorbeigingen, dessen Türen immer offen waren, hielt er sie an und bewirtete sie fürstlich. Danach fragte er die Gäste: „Nun, was ist jetzt mit der Bezahlung?" In diesem peinlichen Moment zückten manche die Kreditkarte (ihr erlaubt mir die sanfte Modernisierung), wieder andere sagten, sie hätten leider kein Geld. Zu all ihnen aber sagte Abraham: „Ihr müsst nicht bei mir bezahlen, sondern euch beim lieben Gott bedanken, der die Welt erschaffen hat und auch das Essen, das ich euch serviert habe." Na, und schon war das „Missionsgespräch" initiiert.

Diese Geschichte ist umso interessanter, wenn man weiß, dass wir Juden eigentlich gar keine Mission betreiben und grundsätzlich nicht versuchen, Anhänger anderer Religionen oder auch Atheisten von unserem Glauben zu überzeugen. Wir glauben vielmehr, dass jeder gute Mensch in den „Himmel" kommen kann. Dennoch wollte sich Abraham die Gastfreundschaft offenbar nicht als Gelegenheit entgehen lassen, um Menschen ein wenig näher zu Gott zu bringen.

Anders verhält es sich natürlich, wenn ein religiöser Jude sieht, wie ein anderer Jude – zum Beispiel – den Schabbat nicht hält. Schon in der Tora, in der Bibel steht, dass man den anderen dann zurechtweisen sollte, aber freundlich. Die Details zu diesem Gebot füllen Bände, vielleicht schreibe ich mein nächstes Buch darüber.

Der wesentliche Grundsatz dabei ist, dass wir füreinander verantwortlich sind und daher nicht tatenlos zuschauen sollen, wenn ein anderer einen Fehler macht. Manche sagen auch, dass ich zum Beispiel meinen jüdischen Nachbarn, der jeden Schabbat mit dem Tennisschläger ins Auto steigt, statt mit mir zu Fuß zur Synagoge zu gehen, freundlich darauf hinweisen soll, mit mir in den Tempel zu kommen. Aber nach einigen fruchtlosen Versuchen darf und werde ich es aufgeben.

Es gibt eine altbewährte Technik, wie man einen Juden oder eine Jüdin auf andere Weise dazu bringen kann, den Schabbat einzuhalten. Statt die Person zurechtzuweisen, lädt man sie mit ihrer Familie zum festlichen Schabbatmahl ein. Dort spricht der Hausherr den Segen über den Wein, teilt die wunderbare Challe, das Schabbatbrot, aus, lässt den Besuch vom gefillten Fisch und der Suppe der Hausfrau essen und spricht mit ihm über die Schönheit des Schabbats, ohne den Gast auch nur mit einem Wort zu kritisieren. Dann werden auch Schabbatlieder gesungen.

So ähnlich erziehen wir auch unsere Kinder, und so haben unsere Eltern mich und meine Schwester die Liebe zum Schabbat gelehrt. Wenn wir wollen, dass unsere Kinder den Schabbat einhalten, dann wird es vollkommen schiefgehen, wenn wir ihnen das nur sagen. Wir müssen mit gutem Beispiel vorangehen. Es ist keine exklusive jüdische Weisheit, dass Kinder vom Vorbild der Eltern und nicht durch Verbote lernen. Und so ist es vielen religiösen Juden und besonders Rabbinern gelungen, Juden, die schon sehr entfernt von der Observanz des Judentums waren, wieder zur Jüdischkeit zurückzubringen. Oder, wie man ebenfalls sagt, ihr Judentum zu stärken.

Ich wurde als Rabbiner, der regelmäßig Schiurim gibt – also Erwachsene unterrichtet –, oftmals von Juden und Jüdinnen angesprochen, die zu mir sagten: „Wir sind an jüdischem Wissen interessiert, wir waren in keiner jüdischen Schule. Wir würden gerne mehr über den Schabbat und die Koscher-Vorschriften, die Feiertage und die Bibel wissen. Aber wir sagen Ihnen gleich, wir werden diese Gebote nicht einhalten."

Darf man solche Schüler überhaupt unterrichten? Wie so oft gibt es im Talmud zu dieser Frage zwei Lehrmeinungen. Ein Rabbi hat solche Schüler gar nicht unterrichtet. Ein anderer dagegen, und so halte ich es auch, nahm auch solche Schüler auf. Denn ich bin überzeugt, dass sie, wenn ich mit ihnen die Tora lerne, weisere Juden werden. Und das genügt mir.

Mein Vater verfuhr mit unseren Schabbat-Gästen aus Israel so ähnlich wie Abraham, auch wenn er dabei etwas ganz anderes im Sinn hatte: Nach dem gemeinsamen Essen am Freitagabend, zu dem er sie ja eingeladen hatte, sagte er oft ganz unvermittelt: „Jetzt müssen Sie aber etwas für Ihr Essen bezahlen."

Ich glaube, unsere Gäste waren darüber noch mehr verdutzt als die Gäste des Abraham in der Tora, denn als

Juden wussten sie nur zu gut, dass man am Schabbat kein Geld verdienen darf. Aber jedes Mal löste mein Vater ihre Verwirrung rasch auf: „Lehren Sie uns doch als Bezahlung ein neues hebräisches Lied aus Israel!", bat er die Gäste. Alle in unserer Familie waren musikalisch, aber wir kannten damals nur die alten hebräischen und jiddischen Lieder. Youtube und Ähnliches gab es noch lange nicht, aber auch aktuelle jüdische Schallplatten erreichten Wien nicht immer oder zumindest nicht so schnell. Besonders meine Schwester und ich waren immer glücklich darüber, neue jüdische oder hebräische Lieder zu lernen, und durch diesen kleinen Trick meines Vaters hatten wir regelmäßig Gelegenheit dazu, denn die Gäste waren erleichtert, dass man von ihnen nicht wirklich Geld verlangte.

Das berühmte Schalom-Alechem-Lied haben wir sowieso an jedem Schabbat a cappella gesungen. In diesem Lied heißt es, dass wir Juden nicht nur Gäste an unserem Schabbat-Tisch empfangen, sondern auch Engel. Mit *Schalom Alechem,* auf Arabisch *Salam aleikum,* begrüßen wir diese Engel: „Friede sei mit euch."

Wenn ich dieses Lied heute singe, erinnere ich mich wehmütig an die schönen Schabbat-Abende bei meinen Eltern. Später, mit meiner Frau Annette, der Rebbezen, und mit unseren Kindern, war es bei Tisch aber genauso schön, und mein jüngster Sohn singt sogar besser jüdische Lieder als ich – was nicht leicht ist, wie ich in meiner typischen Bescheidenheit hinzufügen möchte.

Den vielleicht ungewöhnlichsten Kindheits-Schabbes habe ich allerdings in Venedig erlebt: Wir waren dort mit der ganzen Familie auf Urlaub, und mir und meiner

Schwester gefielen vor allem der Campanile, der hohe Turm am Markusplatz, wo der Doge früher wohnte und herrschte, ganz besonders gut. Unser Abreisetag fiel auf einen Samstag, aber natürlich verließen wir Venedig nicht während des Schabbats, sondern warteten auf den Einbruch der Dunkelheit, bevor wir uns im Zug auf den Heimweg machten.

Als wir am Stadtteil Mestre vorbeifuhren, sahen wir in der Finsternis plötzlich ein Feuer, das an der Spitze des Turmes einer Ölraffinerie brannte. „Papa, was ist das?", fragte ich, und mein Vater antwortete in rabbinischer Genialität: „Der Doge macht *Hawdole*!" So nennt man den Segen zu Ende des Schabbats, bei dem eine hohe Kerze angezündet wird.

ES WAREN NICHT NUR israelische Reisende, die damals, vor vielen Jahren, am Schabbat die Wiener Synagoge aufsuchten. Schon als mein Vater Oberrabbiner war, kamen oft auch amerikanische jüdische Touristen nach Wien, gingen nicht nur in die Staatsoper, zum Demel und zum Heurigen, sondern statteten auch dem Stadttempel am Schabbat ihren Besuch ab. Oft kam es vor, dass nach dem Gottesdienst, als wir schon bereit waren, nach Hause zu gehen, ein amerikanischer Jude zu meinem Vater ging und sagte: *„Rabbi, I'm Mr. Grunwald (früher Grünwald) from Chicago, you know my Rabbi Friedlander?"*

Mein Vater gab manchmal zu, dass er den Betreffenden nicht kannte, weil es in Amerika doch Tausende Rabbiner gibt. Manchmal aber sagte er auch höflich: *„I think I met him once."* Dann ging es oft so weiter: *„Can I ask you a* *few questions?"* Mein Vater war zwar schon hungrig, weil er vor dem Gottesdienst nichts gegessen hatte, wollte aber nicht unhöflich sein und erklärte sich einverstanden. Dann fragte der Amerikaner in der Regel als Erstes: *„How is the situation with antisemitism in Vienna?"*

Und mein Vater antwortete diplomatisch ungefähr so: „Die SS marschiert nicht mehr in Wien, und die Regierungen sind uns meistens recht freundlich gesinnt. Aber es gibt natürlich auch ein paar Antisemiten – meistens die, die behaupten, keine zu sein."

Das zumindest war es, was mein Vater eigentlich sagen wollte, aber weil er die Sache auch nicht unnötig in die Länge zu ziehen gedachte, sagte er stattdessen einfach: *„Well, soso."*

Die nächsten Fragen waren einfacher zu beantworten:
„How many Jews live in Vienna?"
„About 7.000."
„How many synagogues do you have?"
„About twelve."
„Do you have a Jewish school?"
„Yes."
„How many of the Jewish kids go there?"
„There are about 1.000 Jewish children in Vienna, and about half of them go to the Jewish school, the other half to public schools."

Mein Vater sprach zwar nur wenig Englisch und machte das auch gerne zu einer Ausrede, um die Gespräche nicht zu lang werden zu lassen. Aber da die Fragen wirklich immer die gleichen waren, konnte er sie bald ebenso auswendig wie die korrekten englischen Antworten.

Irgendwann, nach dem zigsten Amerikaner, rief mich mein Vater, als ich schon ein junger Mann war, einmal zu einem dieser „Verhöre" und sagte: *„This is my son, Chaim. He is my interpreter and he will answer your questions."* Damit hatte er die Amerikaner dauerhaft auf mich abgeladen, und ich habe fortan die gleichen Fragen mit dem gleichen Know-how beantwortet – und tue es im Prinzip noch heute.

Als ich meinen Vater fragte, warum sich die jüdischen amerikanischen Touristen eigentlich alle so sehr für unsere Gemeinde interessierten, erklärte er mir, wie es bei den Amerikanern daheim abläuft, wenn so ein Mr. Grunwald von seiner Reise in seine Gemeinde zurückkehrt. Dann geht er als Erstes zum Tempelvorstand und bietet dort an, einen tollen Vortrag in der Synagoge zu halten, in dem er über die jüdischen Gemeinden der Städte, die er besucht hat, berichtet. Der Gemeindesaal ist dabei voll – nicht, weil die Gemeindemitglieder den Vortrag von Herrn Grunwald hören wollen, sondern weil er den Zeitpunkt des Vortrages bewusst so gewählt hat, dass er nach dem wöchentlichen Bingospiel stattfindet.

„Und weißt du, was er dann ganz stolz während dieses Vortrages im Festsaal der Synagoge von Chicago verkündet? ‚Ich hatte ein sehr langes Interview mit dem Chief Rabbi von Vienna!'"

Obwohl ich meinem Vater gerne Arbeit abnahm, gingen mir diese immer gleichen Informationsgespräche am Schabbat irgendwann auch schon ein wenig auf die Nerven. Da hatte mein Vater die nächste geniale Idee. Auf die Rückseite seiner Visitenkarte ließ er den folgenden Text drucken: *Antisemitism: soso. Jews in Vienna: 8.000. Synagogues: 12. Jewish school: yes. Kids: 50 percent.* Und wenn sich ihm in der Synagoge fortan ein amerikanischer Jude auch nur näherte, zückte er die Visitenkarte, drückte sie ihm in die Hand, wünschte einen guten Schabbes und machte sich mit mir auf den Weg zum Schabbat-Essen …

Ich habe trotzdem immer wieder mit amerikanischen Juden gesprochen, insbesondere mit solchen, die vor 1938 in Wien gelebt hatten. Viele von ihnen hatten Wien eigentlich nicht mehr sehen wollen, sich dann aber nach Jahrzehnten doch zu einem Besuch entschlossen.

Mehr geflohene jüdische Wiener, zumindest für ein paar Tage, nach Wien zurückzuholen gelang insbesondere, als ab den Achtzigerjahren unter Bürgermeister Helmut Zilk ein sehr rühriger Chef des sogenannten Jewish Welcome Service, Leon Zelman, aktiv war. Ein Jude, der aus Wien geflohen war und durch das Welcome Service nun wieder in der Heimat seiner Kindheit stand, sagte später einmal im Stadttempel zu mir: „Wissen Sie, ich habe meine Bar Mizwa in dieser Synagoge gehabt – aber sie war damals noch viel größer."

Als kluger Rabbiner, der ich inzwischen war, antwortete ich dem Mann: „Nein! Sie war nicht größer – aber *Sie* waren kleiner."

Er hat unter Tränen gelächelt. Weinen und lachen zugleich gehört nämlich zu dem, was wir Juden gut können.

WENN DER REBBE SINGT

MUSIK HABE ICH MEIN LEBEN LANG geliebt und ich liebe sie noch immer.

In meinem Leben hatte ich die verschiedensten jüdischen Lieblingssänger, deren Platten ich gesammelt habe, von denen ich nur einen Teil live gesehen habe. Einmal aber war ich vor etwa zwanzig Jahren in Jerusalem und sah, dass ein Sänger, der längst in der Versenkung verschwunden war, dort ein Konzert gab. Da wollte ich unbedingt hin, weil ich diesen Sänger nie live gehört hatte und er nach seinen Plattenaufnahmen für mich einer der Größten war. Allerdings war er zur Zeit der Aufnahmen, die ich von ihm kannte, ungefähr fünfundzwanzig Jahre alt gewesen. Inzwischen musste er um die fünfzig sein. Ob seine Stimme gehalten hatte? Ich war gespannt.

Er trat in Jerusalem in einem kleinen Saal auf, was klug war, weil er den Zenit seiner Popularität längst überschritten hatte. Zu seinen Topzeiten hätte er einen Saal mit fünfhundert Leuten leicht gefüllt.

Als ich zum Konzertsaal kam, sah ich, dass mit mir nur vier Zuschauer vor Ort waren. In diesem Moment war ich mir sicher, dass der Sänger absagen würde, und enttäuscht, dass mir damit die wohl letzte Gelegenheit entgehen würde, ihn einmal live zu erleben. Ich dachte mir, er wird jedem seine hundert Schekel zurückgeben und sagen: Tut mir leid.

Er aber ging auf die Bühne und sang mehr als eine Stunde lang so, als ob der Saal voll wäre.

Das ist für mich ein Profi. Oder ein feiner Mensch. Ich erzähle diese Geschichte deshalb, weil sie zeigt, dass man auf den verschiedensten Gebieten des Lebens Beispiele finden kann, die sich auf das eigene Leben anwenden oder übertragen lassen.

So ernst, wie dieser Sänger seinen Beruf nahm, sollten wir alle es tun – oder wir sollten es zumindest versuchen. Zum Beispiel jetzt, in der Corona-Zeit, singe ich auch vor dreißig Leuten, obwohl der Saal Platz für hundert Zuschauer bieten würde.

Vor ungefähr dreißig Jahren gab es in Wien ein Duo, das hier bahnbrechend für Klezmer-Musik war. Sie nannten sich nach den Mädchennamen ihrer Mütter „Geduldig & Thiemann". Ich habe bei einer Schallplatte, die sie gemacht haben, im Chor mitgesungen und sie immer sehr bewundert. In letzter Zeit trete ich oft mit dem Musiker Roman Grinberg auf, der wirklich ein Tausendsassa, weil sehr vielseitig in seiner Musik ist (Jazz, Klezmer, Russisch etc.). Da habe ich ihm als Namen für unser Duo vorgeschlagen: „Ungeduldig & Roman".

Auf der Bühne mit Roman Grinberg (links)

Eigentlich bin ich ein ungeduldiger Mensch. Vor allem, wenn es darum geht, die Vorträge anderer anzuhören, finde ich immer eine Entschuldigung. So habe ich schon einige Male Leuten, die mich zu ihren Vorträgen eingeladen haben, mit folgenden Worten abgesagt: „Ich bin ungeduldig, ich gehe in letzter Zeit nur zu Vorträgen, die ich selber halte – und auch da nicht immer." In Wirklichkeit will ich selbst auf der Bühne nicht nur Oberrabbiner, sondern immer auch Erzähler und Sänger sein. Ich bin ein großer Fan von Otto Schenk, Helmut Qualtinger, Karl Farkas, Ernst Waldbrunn usw. und versuche, ihnen nachzueifern.

MEINE ERSTEN AUFTRITTE auf dem Feld der Musik fanden zu Hause am Schabbat-Tisch statt. Sowohl mein Vater als auch meine Mutter hatten eine schöne Stimme, meine Schwester und ich auch, so klang das sehr gut, und wenn dann Gäste kamen, waren sie meist sehr angetan von unserem kleinen Familienchor.

Mein Vater hatte alte Schellacks, die sehr zerbrechlich waren, von Kantoren aus Osteuropa, viele davon noch vor dem Zweiten Weltkrieg aufgenommen. Die kantorale Art zu singen ist dem Operngesang ähnlich. Und weil ich diese Platten oft hörte und *sehr* musikalisch war, konnte ich schon mit zehn Jahren einige davon nachsingen. Kinder, die das können, nennt man oft „kantorale Wunderkinder". Es gab solche, die viel besser waren als ich und sogar als Kinder schon Schallplatten aufgenommen haben. Interessanterweise ist aber dann nur die Hälfte von ihnen als Erwachsene zu Kantoren geworden. Meist waren diejenigen, die später keine Kantoren wurden, jene, die man gezwungen hatte, während des Stimmbruchs Konzerte zu geben. Da kann man sich nämlich leicht „ausschreien", was die Stimme kaputt macht.

Nachdem ich damals, in diesem zarten Alter, noch keine Konzerte jenseits unseres Esszimmers gegeben hatte, habe ich dann auch im Stimmwechsel auf Ratschlag meines Vaters wenig gesungen oder zumindest meine Stimme nicht angestrengt. Ich bin zwar nie ein berühmter Kantor geworden, kann aber bis heute schön und richtig singen – das sagen zumindest die anderen.

Während der Woche hörte mein Vater gerne die alten Schellacks, und wenn Gäste kamen, spielte er sie ihnen vor. Ein armer chassidischer Rabbi in Wien besuchte einmal im Monat meinen Vater. Nachdem ihm mein Vater dann regelmäßig eine Zuwendung gab, hörte er auch gerne die Schallplatten an. Insbesondere die Platten von Jossele Rosenblatt. Diesen schätzte der Rabbi nämlich als „ehrlichen Jid", weil er nicht nur schön sang, sondern auch tiefreligiös war. Was man von vielen anderen Kantoren nicht sagen konnte.

Ich erinnere mich, dass mein Vater einmal unter großen Schwierigkeiten eine nagelneue Platte des Kantors Zevulun Kwartin aufgetrieben hatte, von der er sehr begeistert war und die er diesem Rabbi gerne vorspielen wollte. Allerdings war Kwartin nicht für einen orthodoxen Lebenswandel bekannt. Als der Freund meines Vaters das nächste Mal zu Besuch kam, spielte er ihm die Aufnahme einfach vor, ohne ihn darüber zu informieren, wer der Sänger war. Der Rabbiner hörte mit geschlossenen

Augen tief bewegt zu und sagte dann: „Seht ihr, lieber Kollege, so kann nur ein frommer Kantor singen!"

Manche Rabbiner sagen über mich, ich sei der beste Kantor unter den Rabbinern, weil sie mir nicht zubilligen, dass ich auch ein guter Rabbiner bin. Und manche Kantoren sagen über mich, dass ich der beste Rabbiner unter den Kantoren sei, weil als Kantor nicht gar so gut. Ich weiß natürlich, dass ich beides genial verbinde.

DA ICH ABER NICHT NUR SELBST auf der Bühne stehen kann und will, sondern mich, wie gesagt, auch als Zuhörer für gute Musik begeistere, war es mir ein Anliegen, hervorragende Kantoren nach Wien zu bringen. So stellte ich, gemeinsam mit vielen Helfern, in den Neunzigerjahren eine Reihe von Kantorenkonzerten auf die Beine, die als Teil des Musikfestivals „musica sacra" über die Bühne gingen, das wiederum ein Teil des weltumspannenden

Auftritt bei einem jüdischen Konzertabend

Musiknetzwerkes „Jeunesses Musicales" ist und von der Stadt Wien bis heute gesponsert wird.

Nach dem Fall des Eisernen Vorhangs entstand eine Organisation, die jüdische Topkantoren aus Europa, Israel und Amerika auf eine Reise durch Polen, Ungarn und die Sowjetunion schickte, weil viele Kantoren vor dem Zweiten Weltkrieg von dort aus in den Westen gekommen waren. Das sollte sozusagen ein Ansporn für die osteuropäischen Juden sein, sich wieder mit jüdischen Werten und jüdischer Musik zu beschäftigen. Obwohl Wien bekanntlich nicht hinter dem Eisernen Vorhang lag, als dieser noch zugezogen war, wollte diese Organisation auch hier ein solches Konzert veranstalten – aber die jüdische Gemeinde hatte kein Geld dafür.

Damals ging ich zum Verein „musica sacra" und fragte sie, ob sie nicht auch ein jüdisches sakrales Konzert finanzieren könnten. Ich wurde ein wenig komisch angeschaut und gefragt: „Was ist ein jüdisches sakrales Konzert? Wir unterstützen nur Konzerte, die ein hohes musikalisches Level haben", sagten die Herrschaften noch dazu, was der beste Beweis dafür war, dass sie wirklich keine Ahnung von kantoralem Gesang hatten.

Ich packte eine Schallplatte von einem Kantor aus, der Teil der beschriebenen Osteuropa-Tournee war, und spielte sie vor: Da ist den Herren von „musica sacra", wie man so sagt, der Mund offen geblieben, und sie waren sofort bereit, jährlich ein Kantorenkonzert zu sponsern.

Es wird übrigens erzählt, dass sogar der große Enrico Caruso am Versöhnungstag in Synagogen gegangen sei, um dort die Kantoren zu hören. Caruso war natürlich ein besserer Sänger als sie, aber die Kantoren haben zu Jom Kippur vier Stunden und mehr durchgehend gesungen, und der berühmte Opernsänger wollte sich abschauen, wie sie diese ungeheure Ausdauer erreichten.

In Amerika gab es an der Metropolitan Opera in New York zwei Schwager, einer hieß Richard Tucker und der andere Jean Pierce, die sowohl Toptenöre als auch jüdische Kantoren waren. Die beiden traten nur ein- oder zweimal im Jahr als Kantoren auf, nahmen aber nie eine Rolle an der Met an, wenn sie für diesen Zeitpunkt schon als Kantoren engagiert waren.

Als Rabbiner muss man nicht unbedingt ein guter Kantor sein. Aber manche Rabbiner, darunter auch ich, behaupten von sich, dass sie Kantoren wenigstens gut beurteilen können. In den Neunzigerjahren wurden die sogenannten „Wunderkind-Kantoren" bekannt, die ich schon kurz erwähnt habe. Wir haben zu unseren Konzerten im Stadttempel öfters zwei Kantoren eingeladen. Kantor Barzilai, der Oberkantor von Wien, hat natürlich auch gesungen. Ich habe die Moderation gemacht und hin und wieder vielleicht auch ein „Stickele" gesungen.

Einmal hörte ich eine Aufnahme von einem Wunderkind-Kantor aus Israel, und ich dachte mir, dass es doch nett wäre, einen Erwachsenen und einen Buben zu engagieren, die auch öfters im Duett singen. Ich habe also diesen jungen Star für unsere Konzertreihe engagiert. Zu meiner Überraschung war er im Stimmbruch, wovon ich vorher natürlich nichts wissen konnte, und hat kaum einen Ton herausgebracht! Hätte ich die Geduld dazu gehabt, hätte ich sein Management klagen können, ja müssen. Wie es bei Wunderkindern leider manchmal passiert, hatte ihn sein Manager aus Geldgier weitersingen lassen und seine Stimme kaputt gemacht. Als Erwachsener konnte er dann nie wieder Kantor sein.

IN DEN LETZTEN JAHREN habe ich bei meinen Konzerten, zumeist mit Roman Grinberg, ein Liederprogramm zusammengestellt. In jüngster Zeit habe ich allerdings eine neue Liste von Liedern angelegt, und zwar von solchen, die ich nicht mehr singen kann. Es sind langsame jüdische Lieder, die sehr zu Herzen gehen und bei denen ich immer in der Mitte des Liedes zu weinen beginne, sosehr ich mir auch vornehme, dass es diesmal nicht passiert. Dazu gehört „A jiddische Mame".

Der Text von „A jiddische Mame" geht so:

A jiddische Mame
Nisch do kein bessres auf der Welt

A jiddische Mame
Oi, wie is bitter, wenn sie fehlt

Ich weine dabei nicht erst, seit meine Mutter gestorben ist, das habe ich früher auch schon getan – seither weine ich aber noch mehr.

Das andere Lied heißt „Es brennt" und handelt von einem Pogrom in einem jüdischen Ghetto. Ich beginne zu weinen, wenn es im Liedtext heißt: „Löscht das brennende Feuer mit eurem eigenen Blut."

Wie es bei jüdischen Liedern nicht anders sein kann, sind sie aber oft nicht nur sehr schön und manchmal rührselig, sondern mitunter auch sehr lehrreich. Sehr gerne singe ich zum Beispiel das Lied „Das Rädele". Darin geht es um ein sich drehendes Rad, gemeint ist das Rad des Lebens, bei dem man manchmal oben und manchmal unten ist. Nun könnte man vermuten, wenn du oben bist, es dir also gut geht, kannst du zufrieden sein. Und wenn du unten bist, es dir schlecht geht, dann bist du traurig. Dieses Lied besagt aber das Gegenteil: Wenn du schon sehr hoch oben bist, solltest du dir Sorgen machen, dass du vielleicht bald ein bisschen abrutschen wirst. Wenn du dagegen ganz unten bist, kannst du dir Hoffnungen machen, dass es bald wieder aufwärts geht. Das Lied ist eine zweifache musikalische Medizin. Es hilft sowohl gegen Größenwahn als auch gegen Selbstmitleid. Ich finde, mehr kann man auch von einer rabbinischen Weisheit nicht verlangen. Vielleicht erklärt das auch, warum das Singen und das Predigen bei uns Juden zusammengehören.

Einer meiner ersten Musikpartner war ein Linzer Nichtjude namens Herwig Strobl, dessen Vater ein begeisterter Nazi gewesen war. Als Reaktion darauf hat sich Herwig, mit dem ich auch eine CD aufgenommen habe, viel mit dem Judentum und seinen musikalischen Traditionen auseinandergesetzt. Er gründete eine Klezmergruppe, die er „10 Saiten 1 Bogen" nannte. Als wir einander in den Achtzigerjahren kennenlernten, lud er mich oft ein, ein, zwei Songs bei seinen Konzerten zu singen. Eines davon war „Wenn der Rebbe singt ...", das Lied, das diesem sowie den übrigen Kapiteln dieses Buches ihre Namen geschenkt hat.

Mit der Klezmergruppe „10 Saiten 1 Bogen"

Ich habe mich mit Herwig nicht nur musikalisch, sondern auch menschlich von Anfang an sehr gut verstanden. Nachdem wir einmal in Linz ein paar Stunden miteinander geredet hatten, waren wir unzertrennlich. So ist unsere musikalische Zusammenarbeit immer enger geworden, und ich habe bei diesen Konzerten Geschichten als Einleitung für die Lieder erzählt. Manchmal haben wir auch aus den Liedern eine Art vertonten Sketch gemacht.

Klassisch ist bei „Wenn der Rebbe singt", dass immer das getan wird, worum es in der Strophe gerade geht: beim Tanzen wird getanzt, wenn er lacht, wird „hahaha" gesungen – und dann gibt es noch zwei Verse, die nicht immer gesungen werden. Einer lautet: „Wenn der Rebbe schloft (schläft) …" – das machen die Chassidim nicht nach, sondern sie schweigen. Ich habe mich bei dieser Strophe auf der Bühne auf ein Sofa gelegt und herzhaft geschnarcht. Und bei „Wenn der Rebbe weint" habe ich immer ein Taschentuch aus der Tasche gezogen und bühnenreif geschluchzt.

Diese beiden Strophen habe ich langsamer gesungen. Wenn nach dem Schlafen, als das Publikum schon fast mit eingeschlafen war, das Lied mit der Strophe „Wenn der Rebbe lacht" beendet wurde, dann klatschten die Leute begeistert in die Hände und sangen mit.

Aus solchen Publikumsreaktionen kann man viel über Dramaturgie lernen. Ich habe von diesen Bühnenerfahrungen beim Predigen ebenso profitiert, wie mir umgekehrt die Erfahrungen der Predigten erst das Selbstvertrauen gegeben haben, das ich beim Singen auf der Bühne benötigte.

SO WIE DAS LIED „Wenn der Rebbe singt" immer mit einer lustigen Strophe enden sollte, möchte ich auch dieses Kapitel mit etwas Erbaulichem beenden, das eng mit dem Thema der Musikalität verbunden ist. Alle Rabbis sollten gut Tora lesen und beten und Predigten halten können. Nicht jeder Rabbi aber kann so wie ich singen, tanzen, lachen und weinen. Es gab aber immer Spezialisten, die auf dem einen oder anderen Gebiet besonders gut waren.

Die folgende Geschichte handelt von einem Rebbe, der besonders gut tanzen konnte: Vor mehr als hundert Jahren hatten die Gutsherren in Polen und Russland oft Juden als Knechte oder Leibeigene, die vom Gutsherrn etwas gepachtet hatten und meistens jährlich diese Pacht bezahlen mussten. Die Pacht war aber meistens so hoch, dass dem Pächter zu wenig übrig blieb, kaum genug, um seine Familie ernähren zu können. Solange der betreffende Jude seine Pacht pünktlich bezahlte, war alles in Ordnung. Wenn er aber in Verzug geriet, wurde er oft windelweich geprügelt, und wenn die Bezahlung noch länger ausblieb, konnte es noch schlimmer kommen und er wurde sogar eingesperrt. Und zwar nicht in Luxusgefängnisse, wie es sie heute bei uns gibt, sondern er wurde in ein tiefes Loch, ein Verlies geworfen, das manchmal oben gar kein Schloss hatte, weil es ohnehin zu tief war, als dass man hätte herausklettern können.

Am Abend vor einem großen Fest stellte sich ein Gutsherr, der „seinen" Juden wegen Zahlungsverzugs ins Verlies geworfen hatte, als kompromissbereiter Mensch dar und sagte dem Juden: „Morgen, Moschke, kommst du herauf zur Party, und wir tanzen miteinander Kasatschok. Die anderen Gäste werden, wie die Jury bei ‚Dancing Stars', entscheiden, wer von uns besser tanzt. Wenn ich gewinne, dann bekommst du hundert Peitschenhiebe, wenn du aber gewinnst, lasse ich dich frei."

Nun wusste der schon geschwächte Sträfling, dass weitere hundert Peitschenhiebe für ihn wahrscheinlich tödlich waren. Beide wussten ebenfalls, dass der Gutsherr ein ausgezeichneter Tänzer und sein Gefangener, selbst wenn er ein guter Tänzer gewesen wäre, viel zu schwach war, um ihm bei diesem Wettkampf das Wasser reichen zu können.

In der gleichen Nacht aber kam der Rebbe des Juden zur Grube, der ihn in seinem Verlies regelmäßig besuchte, und fragte ihn, was mit ihm geschehen würde. Der Jude weinte sehr und sagte: „Ich wurde zu einem Wettbewerb herausgefordert, den ich nur verlieren kann."

„Was ist das für ein Wettbewerb?", erkundigte sich der Rebbe.

Der Jude erklärte ihm die Regeln des Tanzwettbewerbs und dass die Jury aus den Gästen des Gutsfests bestehen würde. Da hatte der Rebbe eine geniale Idee: „Du weißt doch, dass ich gut tanzen kann. Ich werde also statt deiner tanzen. Ich werde ein Seil herunterlassen, du wirst herausklettern, und mich lässt du am selben Seil hinunter. Wir tauschen die Kleider, und morgen gehe ich als Sträfling auf das Fest. Da wir einander nicht so unähnlich sehen, wird niemand auf die Idee kommen, dass wir Platz getauscht haben."

Dieser Rebbe war ein besonders guter Tänzer. Und tatsächlich tanzte er den Gutsbesitzer in Grund und Boden, womit er die Jury beeindruckte und die Freiheit des Gefangenen (beziehungsweise, nach dem Platztausch, seine eigene) erwirkte.

Und was lernen wir daraus? Man weiß als Rebbe nie, wann einem die zusätzlichen Fähigkeiten, über die man verfügt, einmal besonders nützlich sein werden. Mit meinem Gesang habe ich zwar sicher noch kein Leben gerettet, aber bestimmt vielen Menschen einen schönen Abend bereitet. Und das ist auch schon einiges wert.

WENN DER REBBE WEINT

ES GIBT IM JUDENTUM DEN BRAUCH, dass man Brot mit Ehrfurcht behandeln soll. Wenn es auf den Boden fällt, soll man es nicht wegwerfen, sondern aufheben. Manche pflegen es sogar zu küssen. Denn Brot ist ein Symbol für Essen. So wie es ein Jude namens Jesus gesagt hat: „Unser tägliches Brot gib uns heute."

Ich erinnere mich, wie meine Mutter, als ich ein Kind war, immer darauf bestanden hat, dass wir kein Brot wegwerfen und die Brotrinden, wenn sie auch hart waren, aufessen. Sie sagte immer: „Die Rinden sind gesund."

Nun könnte man sagen, sie war eben eine fromme Jüdin und wollte diesen Brauch ehren. Aber ich weiß, dass ihre Verbundenheit mit dem Brot, und besonders mit den Brotrinden, noch eine andere Ursache hatte.

Meine Eltern stammten beide aus Budapest. Sie erlebten dort den Zweiten Weltkrieg und die Judenverfolgung in der Schoa. Sie kannten einander damals noch nicht und hatten beide das Glück, nicht im Osten Ungarns zu wohnen, weil von dort über eine Million Juden nach Auschwitz deportiert und ermordet wurden.

Viele wissen nicht, dass es unter den Nationalsozialisten verschiedene Arten von Konzentrationslagern gab. In manchen wurden die Juden – aber auch Roma, Sinti und andere Verfolgte – „nur" zu schwersten Arbeiten gezwungen. Andere Lager, die zum Teil erst später errichtet wurden, waren Vernichtungslager, die für die industrielle Ermordung der dorthin deportierten Juden gebaut und verwendet wurden. Auschwitz-Birkenau war eine Kombination aus beidem. Im Lager Auschwitz mussten die Häftlinge Zwangsarbeiten verrichten, in Birkenau wurden sie getötet, in den meisten Fällen vergast und danach verbrannt.

Damit die Vernichtung schneller ging, wurden Schienen bis mitten ins Lager verlegt. An der Eisenbahnrampe des KZs gab es die sogenannte Selektion. Dort stand der berüchtigte NS-Arzt namens Mengele oder einer seiner Assistenten, und die Menschen, die dort vorbeigingen, wurden entweder nach rechts oder nach links geschickt. Nach rechts wurden jene geschickt, die so aussahen, als würden sie noch arbeiten können. Sie kamen ins Lager Auschwitz. Nach links wurden jene geschickt, die gleich in Birkenau vergast werden sollten.

Bis dahin wussten viele Juden, die dort ankamen, noch nichts von der Vernichtung. Sie glaubten und hofften, dass sie dort alle in ein Lager gebracht würden, in dem sie harte Zwangsarbeit leisten müssten. Aber an dieser Rampe verstanden doch die meisten, was mit jenen geschah, die nach links geschickt wurden. Fürchterliche Tragödien spielten sich ab, wenn Familien auseinandergerissen wurden. Kleine Kinder kamen auf jeden Fall nach links, in die Todesreihe, weil sie zu keiner Arbeit tauglich waren. Junge Männer und Frauen hatten die Chance, zur Zwangsarbeit nach rechts geschickt zu werden. Das hieß natürlich keineswegs, dass sie sicher überleben würden, im Gegenteil: Auch an den Folgen der Zwangsarbeit und der Unterernährung starben viele beziehungsweise sogar die meisten von ihnen.

Ältere Menschen wurden je nach ihrem Zustand aussortiert. Manchmal gab es sogenannte Grenzfälle. Wie der spätere Oberrabbiner von Israel, Israel Meir Lau, einmal in meiner Anwesenheit bei einer Gedenkveranstaltung in Auschwitz erzählte, war er mit seinem älteren Bruder in einem Konzentrationslager. Sein Bruder war schon 18 und offensichtlich geeignet für die Zwangsarbeit. Er selbst war erst 13, allerdings sehr groß gewachsen, und er konnte den Selektoren tatsächlich weismachen, dass er älter sei. So wurde er nicht von seinem Bruder getrennt und überlebte schließlich.

Es kam auch vor, dass ein Vater und eine Mutter, deren Kind nach links geschickt wurde, ebenfalls nach links gehen wollten. Nicht immer wurde das erlaubt. Aus manchen Familien überlebten einzelne Menschen, die sich verstecken konnten oder nicht zu Hause waren, als ihre Familien abgeholt wurden, und die manchmal erst viel später von anderen Überlebenden im Lager erfuhren, ob und wann ihre Familien ermordet worden waren.

Warum erzähle ich das alles? Ist es nicht hinlänglich bekannt, oft genug erzählt und dokumentiert worden? Ich glaube nicht. Wir nähern uns einer historischen Zäsur, ab der keine Zeitzeugen mehr am Leben sein werden, die die Schoa selbst miterlebt haben – weder auf der Täter- noch auf der Opferseite. Diese Tatsache birgt die Gefahr, dass in Vergessenheit gerät oder von geistigen Brandstiftern bewusst umgeschrieben und entstellt wird, was damals, vor mittlerweile mehr als 75 Jahren, wirklich passiert ist.

Deshalb ist es gerade heute ein unverzichtbarer Teil meiner Memoiren, an die Schoa zu erinnern, die nicht nur so viele Juden das Leben gekostet, sondern auch das Leben der Überlebenden, ihrer Kinder und Kindeskinder geprägt hat.

Wer mich ein wenig kennt und auch wer dieses Buch aufmerksam liest, wird wissen, dass ich im Zusammenhang mit dem Judentum, wenn ich die Wahl habe, über viele andere Themen lieber spreche als über den Antisemitismus. Da ich hier aber auch die Geschichte meiner Familie erzählen will, bleibt mir gar nichts anderes übrig, als diese Geschichte in den historischen Kontext zu stellen, der sie geprägt hat – sonst wäre sie nämlich nicht verständlich.

Mein Vater wurde nach dem Krieg von Juden, meistens von ehemaligen österreichischen Juden, die noch vor der Schoa nach Amerika und Israel geflüchtet waren, gefragt: „Wie können Sie in diesem antisemitischen Österreich leben?"

Er antwortete: „Ich war während der Schoa in Ungarn und habe miterlebt, wie viele Ungarn jüdische Familien verraten und an die Nazis ausgeliefert haben. Freunde aus Polen haben Ähnliches über die Polen gesagt." Manche Historiker sagen, dass solche schrecklichen Vernichtungslager wie Auschwitz deshalb in Polen errichtet wurden, weil möglicherweise die deutsche Bevölkerung, obwohl sie ja auch nicht gerade philosemitisch war, so etwas nicht toleriert hätte. So spielten sich die schrecklichsten Erlebnisse meines Vaters während der Schoa in Ungarn und nicht in Österreich ab und deshalb „konnte" er in Österreich leben und arbeiten.

ANDERS ALS IM OSTEN UNGARNS und der Slowakei, von wo aus die meisten Juden wie erwähnt nach Auschwitz oder in andere KZs deportiert wurden, hatten es die

Juden in Budapest vergleichsweise besser. Meine Mutter Eva, geboren 1920, und ihre Eltern Markus und Johanna suchten während der Nazizeit in einem „geschützten Haus" in Budapest Zuflucht.

Ein schwedischer Diplomat namens Wallenberg, der bemerkt hatte, dass man Juden in KZs deportierte, war nämlich ein anständiger Mensch, dem es gegen den Strich ging, dass man Unschuldige ermordete. Nach internationalem Recht gilt der Boden einer Botschaft als Boden des Staates dieser Botschaft. Im weiteren Sinn können auch andere Gebäude von Botschaften als exterritorial gelten, wo die Ungarn beziehungsweise die Nazi-Deutschen keinen Zutritt hatten. Allerdings, gegen Ende des Krieges half auch das nicht mehr.

Was besonders tragisch ist: Nach der Befreiung durch die Russen wurde derselbe Wallenberg nach Sibirien entführt und tauchte nie wieder auf. Überhaupt haben die Russen jeden, der einen deutsch klingenden Namen hatte, verdächtigt, ein Nazi zu sein. Mein Vater hieß Eisenberg und wäre auch fast in Sibirien gelandet. Er sah aber einen russischen Soldaten, der jüdisch ausschaute (was immer das konkret heißen mag), und flüsterte ihm zu: „Ich bin kein Deutscher, ich bin sogar Rabbiner." Der Soldat schickte ihn mit einem Handzeichen weg und rettete ihm so das Leben.

Aber zurück zu Wallenbergs geschütztem Haus, das meiner Mutter, ihrer Mutter Johanna und deren Mann Markus Kalisch das Leben rettete. Sie waren dort in relativer Sicherheit, weil die Nazis und ihre ungarischen Verbündeten nicht eindrangen und aus diesen Häusern keine

Menschen deportierten. Wenn man aber ein solches Haus als Jude auch nur kurz verließ, konnte man jederzeit gefangen genommen werden und war damit schon auf dem Weg ins KZ.

Nun war der unmittelbare Schutz des Lebens die eine Sache, aber „Vollpension" gab es in diesen Häusern natürlich keine. Die dort versteckten Menschen mussten auf verschiedene Arten versuchen, sich zu ernähren. Manche wurden von außen versorgt, aber je länger der Krieg andauerte und je chaotischer die Situation wurde, umso unsicherer wurde diese Versorgung mit den nötigsten Lebensmitteln.

Inzwischen fielen schon die ersten Bomben der Alliierten auf die Stadt, und auch das Haus direkt neben jenem, in dem meine Mutter mit ihren Eltern Zuflucht gefunden hatte, wurde von einer Bombe getroffen – so hat sie es mir und meiner Schwester später oft sehr eindringlich erzählt. Allerdings war es kein Volltreffer: Das Haus wurde nicht ganz zerstört, sondern es wurde hauptsächlich die Fassade weggesprengt.

So kam es, dass meine Mutter von ihrem Versteck aus durch das Fenster sehen konnte, dass sich in dem zerbombten Haus gegenüber eine Küche befand. Das muss schon in den letzten Kriegswochen in Ungarn gewesen sein, als die Versorgung der „geschützten Häuser" völlig zusammengebrochen war und die darin verschanzten Menschen schlimmen Hunger litten.

Also beschloss meine Mutter, trotz der unmittelbaren Lebensgefahr, ihr Versteck zu verlassen. Sie rannte über die Straße und direkt in die nun zur Straße offene Küche des getroffenen Hauses, um nachzuschauen, ob in der Küche etwas Essbares zu finden wäre. Es befand sich dort aber nur ein Sack mit Brot. Diesen Sack schnappte sie sich und rannte so schnell sie konnte zurück zu ihren Eltern.

Als sie den Sack öffneten, muss ihre Enttäuschung zunächst riesig gewesen sein. Anstatt richtigem Brot fanden sie darin nur steinharte Brotrinden, die entweder zum Füttern eines Tieres oder einfach zur Entsorgung vorbereitet worden waren. Meine Großmutter aber nahm einen Topf, füllte ihn mit Wasser und kochte diese harten Brotrinden so lange, bis sie zu einer Art Brotsuppe wurden. Diese aus den Brotrinden zubereitete Suppe hat meiner Mutter und meinen Großeltern das Leben gerettet.

Nicht nur mir und meiner Schwester, sondern auch meinen Kindern, ihren Enkelkindern, hat meine Mutter diese Geschichte immer wieder erzählt. Mir kommen heute noch die Tränen, wenn ich sie weitererzähle, und das, obwohl es ja am Ende eine schöne Geschichte ist. Denn wenn ich heute bei einem Familienfest auf meine inzwischen dreißig Enkelkinder blicke, dann denke ich daran, dass letztlich auch das Leben dieser dreißig Kinder – und der Kinder, die sie einmal haben werden – durch diesen Sack alter Brotrinden gerettet worden ist.

Auch mein Vater, Akiba Eisenberg, stammte aus der Gegend um Budapest und war mit seinem Bruder Oskar gegen Ende des Krieges bei einer Bauernfamilie versteckt. Der Sohn des Bauern, er hieß Ivan, wurde jeden Tag, während der Rest der Familie arbeitete, zum Greißler geschickt, um Brot zu kaufen. Da aber auch mein Vater und sein Bruder am Bauernhof lebten, musste mehr Brot eingekauft werden, um alle ernähren zu können.

Der Sohn des Bauern hatte eine geistige Einschränkung, und jeden Tag fürchtete sich die Familie davor, dass der Bäcker ihn fragen würde, warum sie plötzlich mehr Brot brauchten; und der kleine Ivan, der die Gefahr der Situation nicht erkannte, verraten würde, dass mein Vater und sein Bruder bei ihnen im Keller versteckt waren.

Mein Vater erzählte mir später, dass sie den ganzen Tag mit Tarock-Spielen beschäftigt waren und möglichst leise blöde Witze rissen, um die permanente Spannung, unter der sie in ihrem Versteck lebten, irgendwie erträglich zu machen. Es ist für uns Nachgeborene schwer vorstellbar, wie es sein muss, jeden Tag beim Schlafengehen damit rechnen zu müssen, dass man von einem Soldaten geweckt und in ein Konzentrationslager deportiert oder gleich erschossen wird.

Mein Vater war dieser Familie natürlich sein Leben lang ungeheuer dankbar und hat ihr nach dem Krieg sehr geholfen.

GEBOREN WURDE MEIN VATER im Jahr 1908 in Ungarn und er erwarb schon kurz vor Beginn des Zweiten Weltkriegs sein Rabbinerdiplom in Budapest. Nach Kriegsende arbeitete er als Rabbiner jeden Schabbat in Győr, von Freitagabend bis Samstagabend. Unter der Woche war er Lehrer im jüdischen Mädchengymnasium in Budapest. Er erzählte mir einmal, dass alle Mädchen in ihn verliebt waren.

Akiba Eisenberg, 1970

Jeden Samstagabend fuhr er nach Schabbes mit dem ersten Zug zurück nach Budapest, um nach einer Braut Ausschau zu halten. Der Präsident der jüdischen Gemeinde in Győr soll damals über meinen Vater gesagt haben: „Unser Rabbiner ist ein Genie. Er kennt nicht nur die ganze Bibel auswendig, sondern auch den Fahrplan von Győr nach Budapest."

Mein Vater hatte neben seinem Bruder Oskar noch weitere Geschwister. Die Älteste, Irene, hatte ebenfalls die Schoa überlebt, ihr Ehemann nicht. Er wurde von den Nazis aus Ungarn nach Österreich in ein Arbeitslager verschleppt und ist dort umgekommen. Er wurde in Wien begraben, und als meine Tante sein Grab suchen wollte, begleitete sie mein Vater nach Wien. Das muss 1947 gewesen sein, und sie fanden das Grab tatsächlich. Es war an einem Freitag, also blieben die beiden einen Tag in Wien, um hier den Schabbat zu feiern.

Wien hatte damals, so kurz nach der Schoa, noch keinen Oberrabbiner, die religiösen Funktionen wurden von einem Lehrer, dem Regierungsrat Isidor Öhler, also von einem gelehrten Laien, ausgeübt. Mein Vater sprach, wie viele Juden im Westen Ungarns, ein passables Deutsch und wurde, was oft der Fall ist, wenn ein Rabbiner am Schabbat in einer anderen Synagoge zu Gast ist, gebeten, eine kurze Predigt zu halten. Diese Predigt hinterließ in Wien so viel Eindruck, dass ihm kurzerhand der Posten des Oberrabbiners von Wien angeboten wurde. Er nahm das Amt an und zog nach Wien.

Meine Mutter kam dann etwas später nach, denn meine Eltern hatten sich genau zu dieser Zeit gerade erst in Budapest kennengelernt. Dazu gibt es auch eine interessante Geschichte:

1940 war mein Vater schon 32 Jahre alt und hatte immer noch keine Frau. Man wollte ihm junge Damen vorstellen, er wollte sich aber seine zukünftige Frau selbst aussuchen. Er fragte seinen Freund, der ihm angeboten hatte, ihm eine passende Frau vorzustellen: „Ist sie blond? Und ist sie fesch?"

Dazu muss man wissen, dass „fesch" damals bedeutete, dass die so bezeichnete Dame ein bisschen molliger war. Was heute als übergewichtig gilt, war damals sehr begehrt. Als der „Anbieter" dann – ohne es in Wahrheit genau zu wissen – sagte: „Ja, sie ist blond und fesch", antwortete mein Vater: „Dann will ich sie nicht treffen, weil ich hab sie gerne schwarzhaarig und schlank!" Und dann hat er sich tatsächlich meine Mutter ausgesucht, die, wie ich auf alten Bildern gesehen habe, dunkles Haar hatte und schlank war.

SO SIND MEINE ELTERN NACH WIEN gekommen, wo meine Schwester im Februar 1949 und ich im Juni 1950 geboren wurden. Meine Mutter erzählte mir über meine Geburt folgende wahre Geschichte:

Nachdem ich draußen gewaschen worden war, brachte eine Krankenschwester mich zum ersten Mal, in ein Tuch gewickelt, zu meiner Mutter und sie hielt mich im Arm. Da sagte sie leise zu sich: Na ja, er wird trotzdem eine Frau finden. Und zur Krankenschwester sagte meine Mutter: „Schwester, Schwester, mein Sohn hat nur ein Ohrläppchen!"

Die Schwester lächelte meine Mutter an, griff zu dem scheinbar nicht existierenden Ohrläppchen und zog es aus der Ohrmuschel heraus: Es war noch so weich, dass es sich dort hineinbegeben hatte. Sie öffnete und glättete es, und meine Mutter war erleichtert.

Unsere Wohnungen in Wien befanden sich immer im ersten Bezirk, um am Schabbat zu Fuß in den Stadttempel gehen zu können. Der Tempel steht in der Seitenstettengasse, gleich neben der Judengasse. Im Laufe der Zeit wurde mehrmals Wohnung gewechselt, die Wohnungen wurden größer, damit meine Schwester und ich jeweils ein eigenes Zimmer haben konnten.

Aber das Lustige ist: In unserer letzten Wohnung wohne ich inzwischen seit dem Jahre 1966! Als mein Vater starb, sagte meine Mutter zu meiner Frau und mir:

Die Familie beim 80. Geburtstag von Mutter Eva Eisenberg in der langjährigen Wohnung, 2000

„Diese Wohnung ist mir zu groß, zieht hier ein, und ich suche mir etwas Kleineres." Und so zogen wir 1966 in die Wohnung, in der ich nun, 54 Jahre später, diese Zeilen schreibe – eigentlich unglaublich. Sie war groß genug, um hier unsere sechs Kinder aufzuziehen.

Mein Vater hatte in den ersten Jahren seines Aufenthaltes in Wien noch Schwierigkeiten mit der deutschen Sprache. Später hat er sehr gut Deutsch gelernt, seinen ungarischen Akzent legte er jedoch nie ganz ab. Und weil man sich in einer Sprache, die nicht die eigene Muttersprache ist, meist nicht hundertprozentig sicher fühlt, zog er es vor, sich seine Predigten immer vorher aufzuschreiben, sie also nicht frei zu halten, wie ich es oft tue. Mir reichen ein paar notierte Stichwörter.

Ganz zu Beginn seiner Wiener Zeit ging mein Vater sogar eigens in ein Dolmetscherbüro und fragte dort, ob es einen Übersetzer von Ungarisch auf Deutsch gäbe, der ihm bei seinen Predigten behilflich sein könnte.

So hielt Herr Binder Einzug in unsere Wohnung.

Er kam regelmäßig zu uns nach Hause, und im Arbeitszimmer diktierte mein Vater Herrn Binder die Predigten in einer Mischung aus Deutsch und Ungarisch, die dieser zu einem ausgezeichneten deutschen Vortrag formen sollte. Rasch entwickelte sich daraus ein wöchentlicher Jour fixe, bei dem auch immer mehr diskutiert und viel geraucht wurde und bei dem viele schöne Predigten entstanden.

Im Laufe der Zeit fühlte Herr Binder sich auf dem Gebiet der Predigt immer sicherer. Er war zwar kein Jude, empfing aber von meinem Vater eine Art theologisches Privatissimum und fühlte sich zunehmend in der Lage, auch inhaltlich mitzumischen und seine eigenen Überlegungen einfließen zu lassen. Das führte dazu, dass meine Schwester und ich ein geflügeltes Wort entwickelten: „Herr Binder kann die *Drosches* (Predigten) schon allein schreiben."

Und natürlich versuchte auch ich selbst schon als kleiner Bub, die Arbeit meines Vaters nachzuahmen. Ich hatte mein eigenes „Predigtbuch", das zwar keine so edle schwarze Ledermappe war wie jene, die mein Vater sich für seine Blätter extra bei einem Buchbinder hatte anfertigen lassen. Aber auch ich bewahrte darin meine „Predigten" auf. Daneben hatte ich noch meine Kinderbibel, auf Deutsch, vom Rabbiner Joachim Prinz. Ich war also theologisch gut gewappnet, da man mich aber in der Synagoge noch nicht predigen ließ (ein Widerstand, den ich ein paar Jahrzehnte später brechen konnte), wurden meine Predigten nach dem Schabbat-Essen zu Hause gehalten.

Der zehnjährige Paul Chaim Eisenberg zündet
die Chanukka-Kerzen im Wiener Stadttempel an, 1960

Eine der Bänke war mein Predigtpult, darauf kamen meine Kinderbibel und meine Mappe, und los ging es.

Wenn wir Gäste hatten, die mir eher belustigt zuhörten, machte es mir besondere Freude, sie am Ende mit den dramatischen Worten: „Erhebet euch, meine Brüder und Schwestern!" herumzukommandieren, die ich natürlich ebenfalls den Predigten meines Vaters abgelauscht hatte. Sie folgten, auch wenn sie dabei lächelten oder gar lachten, was ich überging, weil meine Predigt für mich absoluter Ernst war!

IM JAHRE 1946 war nur noch ungefähr ein Prozent der Juden, die vor 1938 hier gelebt hatten, in Wien. Im Jahre 1933 waren es 200.000 gewesen, nach der Schoa lebten weniger als 2.000 hier. Darunter waren einige, die sich versteckt hatten, andere, die einen christlichen Partner hatten oder irgendeinen Beamten kannten und deshalb überlebt hatten. Im Laufe der Zeit kamen dann andere Juden aus den KZs oder den „Displaced Persons"-Lagern nach Wien – selten aber solche, die auch vor dem Krieg in Wien gelebt hatten, sondern wie meine Eltern eher neu Zugewanderte, meistens aus Osteuropa.

Was vielleicht auch wichtig zu erklären ist: Als Kind wusste ich *gar nichts* über die Schoa. Die Überlebenden hätten sich damals lieber die Zunge abgebissen, als darüber zu sprechen, und zwar sowohl die Opfer beziehungsweise ihre Angehörigen als auch die Täter. Meine Eltern selbst waren ja nicht im Lager, sondern „nur" versteckt gewesen. Ich weiß von jüdischen Kindern, die mit mir in den Fünfziger- oder Sechzigerjahren in Wien in die Schule gingen und sich wunderten, warum viele christliche Kinder Großeltern hatten und sie nicht.

Die meisten der überlebenden Juden haben für sich viel getrauert und geweint, sie konnten über die schrecklichen Ereignisse mit ihren Kindern nicht sprechen. Es war eine Zeit, in der viele Überlebende an ihrem Glauben an Gott zweifelten, weil sie sich fragten: Wie konnte der Ewige dieses schreckliche Verbrechen nur zulassen? Wieder andere fanden durch ihr Überleben zum Judentum zurück.

Wenn ich heute in ein Taxi einsteige, sagen die Taxler immer noch: „Sie wollen sicher in den zweiten Bezirk." Und ich sage dann: „Es gibt auch Juden, die im ersten Bezirk zu Hause sind." Und dann frage ich die Taxler: „Wie viele Juden, glauben Sie, leben heutzutage im zweiten Bezirk?" Die Antwort schwankt in der Regel zwischen 1.000 und 150.000. In Wirklichkeit sind es circa 8.000, während es in meiner Kindheit in ganz Wien etwa 2.000 waren.

Bleiben wir noch ein wenig bei den Zahlen. Immerhin habe ich früher eine Weile Mathematik studiert: In der Kultusgemeinde sind derzeit 8.000 Juden eingetragen. Schon mit Bürgermeister Zilk habe ich oft diskutiert, wie viele Juden wirklich in Wien leben. Ich sagte, es seien circa 12.000, er meinte, es seien sicher 20.000. Obwohl klar ist, dass der Oberrabbiner immer recht hat, könnte man doch zu dieser Meinungsverschiedenheit Folgendes sagen: Wenn ein Jude in Wien geboren wurde, dann war es und ist es noch immer üblich, dieses Kind in der Kultusgemeinde anzumelden. Die überprüft dann, ob die Mutter des Kindes Mitglied der Gemeinde ist, und wenn das so ist, wird das Kind in der IKG (Israelitische Kultusgemeinde) eingetragen – auch wenn der Vater buddhistischer Hindu gewesen ist. Ist der Vater Jude, die Mutter aber nicht, kann das Kind nicht in der Kultusgemeinde eingetragen werden, weil bei uns Juden nun einmal die mütterliche Linie entscheidet.

Nun betreiben wir zwar keine Mission, aber es ist selbstverständlich möglich, dass ein Nichtjude zum Judentum konvertiert. Konvertierte also die Frau eines Juden vor der Geburt des Kindes, dann wurde sie Mitglied und ihr später geborenes Kind ebenfalls.

Dann gab es aber noch Gründe, warum das Kind, auch wenn Vater und Mutter jüdisch waren, nicht eingetragen, sondern manchmal sogar extra ausgetragen wurde. Vor dem Krieg waren das meistens überzeugte Sozialisten und Kommunisten, die mit der Religion nichts am Hut haben wollten. Als Bruno Kreisky ein junger Mann war, war es sogar Mode, dass die jungen Sozialdemokraten die Kultusgemeinde verließen. Wobei dazu ein Gedanke des früheren Präsidenten der Kultusgemeinde, Dr. Ivan Hacker, passt, der sagte: „Aus dem Judentum kann man nicht austreten, weil das Judentum nicht aus einem austritt."

Dann gab es auch Juden, die die Schoa überlebt hatten und die deshalb beschlossen, ihre Kinder nicht in der Kultusgemeinde einzutragen. Manche Juden gingen sogar so weit, ihre Söhne nicht beschneiden zu lassen, weil sie fürchteten, dass wieder etwas Schlimmes passieren könnte.

Und dann gab es noch diejenigen, die unter den Kommunisten in der Sowjetunion gelitten hatten und bei ihrer Ankunft in Wien ebenfalls aus Vorsicht nicht gleich zur Kultusgemeinde liefen, um sich einzutragen. Als sie später sahen, dass Wien – zum Beispiel – wieder eine jüdische Schule hatte und diese Schule eigentlich für Mitglieder der Kultusgemeinde gedacht war, erkannten sie, dass es den Juden hier nicht so schlecht geht, und ließen sich doch noch eintragen, um ihre Kinder in dieser Schule anmelden zu können.

Bürgermeister Zilk rechnete zu den 20.000 Juden, von denen er ausging, jedenfalls alle dazu, die in irgendeiner der vormaligen Generationen einen „echten" Juden in der Familie hatten, und kam so auf seine Zahl. Und ich rechnete in meine 12.000 jene Juden mit ein, die sich zwar nicht in die Gemeinde eingetragen hatten, es aber aufgrund ihrer jüdischen Mutter *hätten tun können*.

WENN DER REBBE TRÄUMT

WARUM MIR MEIN ENGAGEMENT für Frieden, Völkerverständigung und interreligiösen Austausch besonders wichtig ist, erschließt sich vielleicht aus folgender, tragischer Geschichte:

An einem Schabbat im Sommer des Jahres 1981 gab es eine Bar-Mizwa-Feier im jüdischen Stadttempel in Wien. Ein 13-jähriger Bub sollte dabei in die Gemeinschaft der Erwachsenen aufgenommen werden, wobei er vor der versammelten Gemeinde einen Abschnitt der wöchentlichen Toralesung übernehmen musste. An diesem Samstag war der Bar-Mizwa-Knabe der Sohn eines wichtigen Mitgliedes der jüdischen Gemeinde, weswegen viele prominente Gäste zum Gottesdienst und dem darauf folgenden Kiddusch, der Feier nach dem Gottesdienst, eingeladen waren. Auch ein Industrieller war unter den Gästen, dessen Frau einst entführt worden war und nur mit Lösegeld befreit werden konnte. Seither wurde er immer von einem bewaffneten Leibwächter begleitet.

Gegen zwölf Uhr hatten einige Betende die Synagoge bereits verlassen, andere waren noch im Gebäude, als zwei palästinensische Terroristen einen Anschlag verübten. 1981 verfügte die jüdische Gemeinde zum Glück schon seit längerer Zeit über einen Bewachungsdienst, und den Männern dieses Dienstes gelang es, die schwere Metalltür rechtzeitig zuzuwerfen, sodass die Terroristen nicht ins Innere des Tempels vordringen konnten, wo sie mit Sicherheit ein Blutbad angerichtet hätten.

Womit die Terroristen sicher nicht gerechnet hatten, war der Leibwächter des erwähnten Industriellen, der sofort seine Waffe zog, schoss und einen der beiden

Terroranschlag auf die jüdische Synagoge in Wien, 1981

Attentäter verletzte. Auf ihrer Flucht schossen die Terroristen vor der Synagoge wild um sich, töteten zwei Menschen und verletzten mehrere andere schwer.

Alle Gäste von damals werden diesen Tag sicher nie vergessen. Für mich und meine Frau Annette gab es einen weiteren Grund dafür. Unser Sohn David war damals noch nicht ganz ein Jahr alt und wurde von unserer Babysitterin meistens gegen Ende des Gottesdienstes, so gegen zwölf Uhr, zum Tempel gebracht. Als der allererste Schock vorüber war, wussten wir, die wir in der verriegelten Synagoge saßen, natürlich nicht, was draußen vor sich ging und wer aller verletzt oder getötet worden war. Meiner Frau und mir war sofort klar, dass die Möglichkeit bestand, dass die Babysitterin gerade jetzt mit unserem Sohn zur Synagoge spazierte und sich vielleicht mitten im Geschehen befand. Wir wollten daher sofort hinaus auf die Straße laufen, aber das wurde uns von den

Sicherheitsleuten nicht erlaubt, solange es keine offizielle Bestätigung gab, dass von draußen keine Gefahr mehr drohte.

Die Minuten verstrichen wie Stunden, und wir befürchteten das Schlimmste.

Als wir endlich nach draußen durften, konnten wir unseren Sohn und seine Babysitterin nirgendwo entdecken. Wir fragten jeden, den wir finden konnten, ob unter den Verletzten auch eine junge Frau mit Kleinkind sei, aber niemand konnte uns Auskunft darüber geben. Also teilten meine Frau und ich uns auf und liefen in unterschiedliche Richtungen, auf der Suche nach David und seiner Betreuerin.

Nach einer gefühlten Ewigkeit entdeckten wir die Babysitterin, die sich mit David im Kinderwagen langsam und vorsichtig der Synagoge näherte. Wie sich schnell herausstellte, hatte sie sich nicht etwa verspätet, sondern war tatsächlich ganz in der Nähe gewesen, als die ersten Schüsse fielen. Sie hatte sofort samt Kinderwagen die Flucht ergriffen und zuerst in einiger Entfernung ausgeharrt, bevor sie sich wieder zurückzukehren traute.

Wir weinten alle drei gemeinsam heftig, zum Teil aus Freude, weil David und uns selbst nichts geschehen war, zum Teil aus Trauer und Verzweiflung über die unschuldigen Opfer des Anschlages.

Die beiden Toten waren ein alter Herr und eine schwangere junge Frau. Sie war erst einige Jahre zuvor zum Judentum konvertiert. In den jüdischen Anleitungen zur Konversion ist unter anderem festgeschrieben, dass man jeden, der übertreten möchte, mit dem Argument davon abzubringen versuchen sollte, dass es gefährlich sein könnte, Jude zu werden. Ich weiß noch, dass der Rabbiner beim Begräbnis der jungen Frau davon sprach, dass sie sich durch dieses Argument nicht hatte von ihrer Absicht abbringen lassen. Wie ungeheuer tragisch, dass sie dafür tatsächlich mit dem Leben bezahlen musste.

Bekanntlich hat es am 2. November 2020, also fast vierzig Jahre nach diesen Ereignissen, wieder einen furchtbaren Terroranschlag ganz in der Nähe des Tempels in der Seitenstettengasse gegeben. Unsere Gemeinde hatte dieses Mal keine Opfer zu beklagen, weil der Stadttempel an diesem Abend geschlossen war. Bei dem Anschlag wurden aber insgesamt vier Menschen getötet und 23 verletzt. Es ist sehr traurig, dass es nach so langer Zeit wieder zu einem so schrecklichen Ereignis fast am selben Ort in Wien gekommen ist.

Kerzen- und Blumenmeer in der Seitenstettengasse
nach dem Terroranschlag in der Wiener Innenstadt, 2020

Als ich die Nachricht von dem Terroranschlag erhalten habe, war ich sprachlos, was mir sonst wirklich nicht oft passiert. Die Ereignisse haben in mir die Erinnerung an den Anschlag vor vierzig Jahren wachgerufen, was es mir sehr schwer gemacht hat, meine innere Ruhe zu bewahren. Diese Art von tödlicher Gewalt, die sich gegen Unschuldige richtet, ist für mich das Schlimmste, was ein Mensch anderen Menschen antun kann.

Ich habe also selbst schon vor Jahrzehnten hautnah miterlebt, welchen Schrecken Hass und Gewalt verbreiten können. Unter anderem habe ich mir damals fest vorgenommen, mich für den Frieden zu engagieren, wo immer es mir möglich ist.

ALS IM SEPTEMBER 1993 bekannt wurde, dass es in Oslo ernst zu nehmende Friedensverhandlungen zwischen Israelis und Palästinensern gegeben hatte, war ich von diesen Neuigkeiten begeistert. Es waren damals nur noch einige Tage bis Jom Kippur, dem Versöhnungstag. Was lag da näher, als das Thema Friedensprozess in meine Predigt aufzunehmen? Zu Jom Kippur ist es religiöse Vorschrift, sich miteinander zu versöhnen, und so schien mir das Thema nicht nur naheliegend, sondern es kam mir wie ein Wink des Ewigen vor, dass die Friedensverhandlungen gerade zu dieser Zeit begonnen hatten.

Ich war damals überzeugt davon, dass alle Rabbiner das ähnlich sehen würden wie ich, stellte aber bald darauf überrascht fest, dass es neben positiven auch sehr negative Reaktionen von Rabbinern auf den Oslo-Prozess gab. Das bedeutete natürlich nicht, dass diese Rabbiner generell gegen den Frieden waren. Aber sie befürchteten, dass ein Friedensschluss mit der Rückgabe von Territorium in den umstrittenen Gebieten verbunden sein würde, was für manche im Widerspruch zu dem Gebot stand, in das Land Israel zu ziehen und dieses zu besiedeln.

Ungefähr zur damaligen Zeit lernte ich durch Zufall den Kronprinzen Hassan, Bruder des damaligen jordanischen Königs Hussein, bei einer Veranstaltung in der Österreichischen Nationalbibliothek kennen. Dieser Kronprinz hatte damals den Ruf, einer der wichtigsten Friedensstifter im arabischen Raum zu sein. Er wurde später, obwohl Kronprinz, doch nicht zum König gekrönt. Vor dem Tode König Husseins hatte dieser bereits einen erwachsenen Sohn, Abdullah, und dieser wurde Kronprinz und danach König. Hassan allerdings blieb Prinz und hatte viel Zeit, sich weiter für den Frieden zu engagieren.

Wir verstanden uns auf Anhieb sehr gut, und wenig später bekam ich eine Einladung, Hassan in seiner Heimatstadt Amman zu besuchen, um unser Gespräch dort fortzusetzen. Auf dieser Reise begleitete mich schließlich der damalige Innenminister Caspar Einem, den ich noch aus meiner Schulzeit kannte. Es gab ein Mittagessen in der österreichischen Botschaft in Amman, an dem neben dem Kronprinzen auch mehrere jordanische Minister teilnahmen. Als sie hörten, dass sie mit einem Rabbiner am Tisch saßen, waren sie zunächst sichtlich skeptisch. Unter Hassans und meiner Moderation verbesserte sich die Stimmung aber rasch, und der Besuch festigte unser gutes Verhältnis.

Einige Jahre später war Hassan wieder in Wien bei einer Konferenz „über die Quellen des Hasses" und lud mich zu einem Gespräch ins Hotel Imperial ein. Er zeigte mir zwei jüdische Texte, die er bei seiner abendlichen Rede einflechten wollte, und fragte mich nach meiner Meinung dazu. Ich empfahl ihm den einen sehr und riet ihm vom anderen ab. In dem Vortrag bezeichnete er mich dann als seinen Freund und Berater, was mich sehr ehrte, und er trug tatsächlich nur den von mir empfohlenen Text vor.

Auch an den damaligen israelischen Ministerpräsidenten Jitzchak Rabin schrieb ich im Sommer – ich glaube, es war 1994 – einen Brief, in dem ich vorschlug, ein eigenes religiöses Institut für Judentum und Frieden zu gründen, und ihn bat, diese Idee zu unterstützen. Ich argumentierte in meinem Brief, dass Frieden keine rein politische Frage sei, sondern dass die jüdische Religion, wie auch andere, dem Frieden eine besondere Bedeutung beimesse und es daher gerade aus religiösen Gründen notwendig sei, sich tatkräftig für den Frieden zu engagieren.

Bekanntlich wurde Jitzchak Rabin von einem „religiösen" Juden ermordet, der genau diesen Punkt ganz anders sah als ich und deshalb zum Mörder wurde, um den Friedensprozess zu bekämpfen.

Was aber nicht in den Geschichtsbüchern steht, ist das Folgende, das den Tod Rabins für mich persönlich noch ein wenig tragischer macht: Ein Mitglied der Wiener Gemeinde war nämlich ein persönlicher Freund des Ministerpräsidenten und hatte ihn am Abend vor dessen Ermordung besucht. Bei diesem Treffen hatten sie, wie dieser Mann mir später mitteilte, unter anderem über das in meinem Brief angeregte Institut gesprochen, und Rabin hatte diese Idee sehr positiv aufgenommen.

Bei einer Gedenkfeier für Jitzchak Rabin sagte ich später: „Die Tora schreibt vor, dass der jüdische König immer eine Torarolle bei sich haben muss. Auch die Begründung dafür findet sich in der Tora. ‚Er soll sie bei sich haben und alle Tage seines Lebens in ihr lesen, damit er lerne, den Ewigen, seinen Gott, zu fürchten und alle Worte dieser Lehre genau auszuüben.' Das bedeutet, dass auch der König den Toragesetzen unterworfen ist. In Ausnahmesituationen, dort, wo es das Wohl des Volkes und der Welt erfordert, hat er aber das Recht, weitergehende Entscheidungen zu treffen, und kann daher um des Friedens willen auch Teile des Heiligen Landes abgeben."

Am Ende der Trauerwoche für Ministerpräsident Rabin wurde der Platz, auf dem er ermordet wurde, von Kikar Malche Jisrael (Platz der Könige Israels) auf Kikar Yitzhak Rabin (Yitzhak-Rabin-Platz) umbenannt. In meinen Augen war diese Namensänderung symbolträchtig. Denn Jitzchak Rabin hat gehandelt wie ein König. Beseelt von dem Gedanken des Friedens für sein Land und von der Ehre und Sicherheit des Volkes Israel, hat er mutige Entscheidungen getroffen und seine Autorität zum Wohle Israels voll ausgeschöpft.

Seine Idee war, dass das Risiko eines Friedensschlusses mit Rückgabe von Gebieten der Sicherheit Israels mehr dienen würde als das beste Militär der Welt. Es war also nicht nur der Mord an sich, der die Welt bewegte, sondern die Tatsache, dass ein Mann, der für den Frieden im

Nahen Osten ganz neue Wege gewählt hatte, getötet wurde – und noch dazu von einem Juden.

Ein Jahr nach der Ermordung gab es im Wiener Stadttempel einen Trauergottesdienst, bei dem unter anderem auch Bundeskanzler Franz Vranitzky das Wort ergriff. Ich zitierte ein rabbinisches Wort aus den „Sprüchen der Väter", in dem es heißt: „Wer ist ein Held? Der imstande ist, aus Feinden Freunde zu machen." Derselbe Mann, der als General und Verteidigungsminister jahrzehntelang in der israelischen Armee gedient und gekämpft hatte, war später zugleich der Anführer des Friedensprozesses gewesen. Das ist einfach beeindruckend.

Dreimal täglich beten wir Juden ein Friedensgebet. Dieses endet mit den Worten: „Ewiger, der Du Frieden in den himmlischen Höhen machst, stifte auch Frieden für Dein Volk Israel und die ganze Erde." Bei dieser Bitte machen wir drei Schritte nach hinten, ohne uns umzu-

Mit Kantor Shmuel Barzilai (links) bei Bundeskanzler Franz Vranitzky im Bundeskanzleramt

wenden. Das tun wir deshalb, weil man, wenn man sich von einem König entfernt, sich nicht umdreht und weggeht, sondern ihm beim Weggehen aus Respekt weiterhin das Gesicht zuwendet.

Denke ich an Jitzchak Rabin, bin ich aber fast geneigt, diese Bewegung anders zu interpretieren. Wenn jemand wirklich den Frieden will, dann muss er bereit sein, von seinen Maximalforderungen abzugehen und so aus seiner Sicht einige Schritte nach hinten zu machen. Solche Menschen bräuchten wir heute ganz besonders dringend: die einerseits den aufrechten Gang bewahren, andererseits aber bereit sind, ein paar Schritte rückwärts zu tun, um dem anderen „Platz" zu geben.

FÜR MEIN ENGAGEMENT für den Frieden wurde ich immer wieder als Träumer bezeichnet. Ich antworte darauf gerne, dass sich auch in der Bibel viele Menschen finden, die geträumt haben. Zum Beispiel träumte unser Stammvater von einer Leiter zwischen Himmel und Erde, auf der Engel auf- und absteigen. Auch sein Sohn Josef hatte mehrere Träume, und es heißt sogar, dass er die Träume anderer interpretieren konnte.

Ich schäme mich also nicht dafür, ein Träumer zu sein, und darf sogar sagen, dass mitten in der Corona-Zeit einer meiner lange gehegten Träume in Erfüllung gegangen ist: Schon vor Jahren hatte ich in einem Zeitungsartikel die Meinung vertreten, dass Militärparaden unnötig sind und grundsätzlich abgeschafft werden sollten. Aus gesundheitlichen Gründen wurden nun während der Corona-Pandemie fast alle Militärparaden weltweit abgesagt.

Bin ich so verrückt zu glauben, dass wir kein Militär mehr brauchen, weil ohnehin demnächst der Messias kommt, überall Friede einkehrt und es keine Kriege mehr gibt? Natürlich nicht. Aber das heißt nicht, dass es deshalb auch zwangsläufig Militärparaden geben muss.

Vor vielen Jahren bin ich mit dem damaligen österreichischen Bundespräsidenten Thomas Klestil mitgefahren, der auf Staatsbesuch in Israel war. Da es ihm wichtig war, auch prominente Mitglieder der jüdischen Gemeinde mitzunehmen, ersuchte er den Präsidenten und den Oberrabbiner der Israelitischen Kultusgemeinde, ihn auf diesem Besuch zu begleiten.

Es gab natürlich den üblichen offiziellen Empfang beim israelischen Staatspräsidenten. Dort erwartete uns eine Reihe israelischer Gardesoldaten mit geschulterten Gewehren. Ein Feldwebel bellte unverständliche Stakkato-Befehle, die bedeuteten: Präsentiert das Gewehr, schultert das Gewehr, Augen rechts, Augen links und so weiter, und das mehrere Male hintereinander. Danach schritten die beiden Präsidenten nebeneinander die Ehrengarde ab und blieben bei zwei Soldaten stehen. Einer hielt eine österreichische Flagge und der andere eine israelische.

Als das erledigt war, schrie der Feldwebel: „Rechts um und im Gleichschritt marschieren!" Die Soldaten verließen den Garten des Präsidentenpalastes. Und wer kam als Nächstes? Eine Gruppe herziger israelischer Buben und Mädchen in blauen Hosen, kurzen Röckchen und weißen Hemden, die dem Bundespräsidenten einen Blumenstrauß brachten. Klestil tätschelte freundlich die Wange eines Mädchens, und danach verschwanden die Präsidenten in der Residenz und widmeten sich sicher sehr „wichtigen" Gesprächen.

Nun fragte ich einen österreichischen Diplomaten, der neben mir stand: „Wozu der ganze Aufwand mit dem Militär? Hätten die herzigen Kinder nicht genügt?" Und er antwortete: „So ist das Protokoll, ein Staatsoberhaupt hat mit militärischen Ehren empfangen zu werden."

Ich fragte ihn, wer das so bestimmt habe, und er antwortete etwas ungeduldig: „Das war schon immer so."

„Aha, interessant", sagte ich, „in der Tora steht aber komischerweise nichts davon."

Diese Geschichte erinnert mich an einen alten jüdischen Witz aus der Sowjetunion, und ich glaube, ich habe ihn dem Diplomaten damals erzählt, um die Stimmung wieder ein bisschen aufzulockern:

Stalin besucht in den Fünfzigerjahren die Tschechoslowakei. Auch zwei Juden haben sich eingefunden, um den Besuch aus einiger Entfernung zu beobachten. Auf einmal beginnt das tschechoslowakische Militär Salutschüsse abzufeuern, worüber einer der beiden Juden sich sehr wundert: „Was ist passiert? Warum wird auf einmal geschossen?" Der andere erklärt ihm, dass immer geschossen wird, wenn ein Staatsoberhaupt zu Besuch kommt. Scheinbar verständig nickt der erste, nur um dann zu sagen: „Das ist mir klar. Aber warum so viele Schüsse? Müssten sie Stalin nicht längst getroffen haben?"

Nur um es noch einmal klarzustellen: Auch wenn ich Österreicher bin, liegt mir als Jude die Existenz und Sicherheit des Staates Israel sehr am Herzen. Israel braucht daher ein starkes Militär und hat auch ein solches. Außerdem hat Israel wahrscheinlich den besten Geheimdienst der Welt, um Attentate zu verhindern, und auch das ist absolut notwendig. Nur weil man diese Notwendigkeit erkennt, muss man aber nicht der Verherrlichung des Militärischen zustimmen, die angeblich „immer schon so war". Solche Paraden schrecken niemanden, kosten einen Haufen Geld und sind umweltfeindlich.

Man muss also gar kein Träumer sein, um sie abgeschafft sehen zu wollen.

WO
DER REBBE
HERKOMMT

DREI MEINER VIER GROSSELTERN habe ich persönlich gekannt. Nur den Vater meines Vaters lernte ich nie kennen, er hieß Hermann Eisenberg. Sein hebräischer Name war Chaim, und bei uns Juden ist es üblich, den hebräischen Vornamen eines verstorbenen Großvaters seinem Enkel zu geben. Deshalb heiße ich auf Hebräisch Chaim. Den Namen Paul erhielt ich von einem Bruder meiner Mutter, der in der Schoa umgekommen ist – so haben mir meine Eltern diese beiden Vornamen gegeben.

Mein Großvater väterlicherseits war Kantor und Rabbiner. Sein Talent zu singen hat er nicht nur mir, sondern davor schon fast allen seinen Söhnen vererbt. So kam es, dass mein Vater, Akiba Eisenberg, der spätere Oberrabbiner von Wien, und seine jüngeren Brüder Oskar, Theodor und Erwin schon mit 15 Jahren in kleinen Gemeinden an den hohen Feiertagen vorbeteten. Leider war Theodor, liebevoll Tibi genannt, nicht so musikalisch. Deshalb war er positiv überrascht, als er einmal nach den Feiertagen vom Synagogenvorstand die Nachricht bekam: „Nächstes Jahr sollen Sie *weiter* vorbeten." Als er sich bedankte, erläuterte der Tempelvorsteher: „*Weiter* weg von hier."

Mein Großvater starb leider sehr jung an einem Herzinfarkt und wurde am jüdischen Friedhof in Budapest begraben. Das war sehr traurig, aber so musste er andererseits nicht die Grauen der Schoa miterleben, und ich hatte dadurch wenigstens die Möglichkeit, später sein Grab zu besuchen. Viele meiner jüdischen Freunde und Freundinnen haben ihre Großeltern nämlich nicht nur nie kennengelernt, weil sie in der Schoa ermordet wurden, sondern sie hatten aus demselben Grund auch keine Gräber, die sie besuchen könnten.

„Wir schaufeln ein Grab in den Lüften, da liegt man nicht eng", heißt es zu dieser schrecklichen Tatsache in Paul Celans berühmtem Gedicht „Todesfuge". Deshalb findet man auch heute noch auf jüdischen Gräbern in Wien oft den Vermerk, dass der Grabstein auch als Erinnerung an die ermordeten Verwandten gilt, und unten am Grabstein stehen dann die Namen derer, die kein anderes Grab haben als jenes in den Lüften.

Meine Großmutter väterlicherseits hat die Schoa überlebt und kam nach dem Krieg nach Wien, nachdem mein Vater hier Oberrabbiner geworden war. Sie wohnte bei uns und war eine richtige Lady. Wie in vielen jüdischen Familien hatten auch wir einen Kosenamen für sie. Man nannte sie die „Eigene". Das sollte nicht etwa heißen, dass sie eigenartig war, sondern dass sie uns gehörte! Im Alter von 85 Jahren erlitt sie einen Herzinfarkt, und ich erinnere mich noch genau daran, wie die Rettung sie wegfuhr und meine Schwester, Ruthi, damals erst sechs Jahre alt, zu mir sagte: „Beten wir für die ‚Eigene' ein Schema Israel (ein jüdisches Stoßgebet)."

Auch die Eltern meiner Mutter zogen erst nach Wien, als meine Eltern schon hier waren. Meine Großmutter und mein Großvater waren entfernte Cousins und stammten beide aus der berühmten jüdischen Familie Kalisch aus der damals ungarischen Stadt Galanta (heute Slowakei). In dieser Familie gab es viele berühmte Rabbiner, aber auch Funktionsträger in jüdischen Gemeinden, von Tempelvorstehern bis zu Gemeindevorstehern und so fort. Es gibt in Wien heute noch zwei jüdische Familien, die auch aus dieser Gegend stammen, und wenn ich den Namen Kalisch erwähne, dann bewundern sie mich jedes Mal.

Mein Großvater mütterlicherseits war ein hochgebildeter Mann, er sprach nicht nur Ungarisch, sondern auch Deutsch, Englisch und Französisch. Er war an Kultur und Politik zeitlebens sehr interessiert und las täglich mehrere Tageszeitungen. Als ungarischer Pensionist konnte er es sich aber nicht leisten, all diese Zeitungen zu kaufen. Also saß er nach seinem Umzug nach Wien an jedem Vormittag bei einem Kleinen Braunen in einem Kaffeehaus und las neben der „Presse" auch die „London Times" und „Le Monde". Dabei war er immer elegant gekleidet, mit Sakko und Krawatte.

In den späten Fünfzigerjahren hatte Charles de Gaulle, der zuvor ein Anhänger Israels gewesen war, nach dem Suezfeldzug die israelische Politik scharf kritisiert. Das entging meinem Großvater natürlich nicht, und so schrieb er auf Französisch einen Brief an de Gaulle, in dem er um Verständnis für die israelische Position warb – und erhielt tatsächlich eine Antwort eines Sekretärs de Gaulles, der bestätigte, dass de Gaulle den Brief gelesen habe, seiner zahlreichen Pflichten wegen aber nicht persönlich antworten könne.

Meine Großmutter Johanna kannte noch meine Frau und meine älteste Tochter und war eine typische jüdische „Mame".

Meine Mutter hatte nach dem Krieg keine lebenden Geschwister mehr. Mit meinen Onkeln und mit meiner

Tante väterlicherseits habe ich dafür so viel erlebt, dass ich über jeden ein eigenes Buch schreiben könnte. Zwei meiner Onkel haben die Schoa nicht überlebt. Diese habe ich also nicht kennengelernt, aber von den anderen möchte ich ein wenig erzählen.

Meine Tante Irene, die älteste Schwester meines Vaters, war, wie bereits erwähnt, der Grund dafür, dass mein Vater überhaupt nach Wien reiste und hier die Position des Oberrabbiners offeriert bekam. Auch sie zog später nach Wien. Wir waren oft zusammen und plauderten viel, abwechselnd auf Deutsch und Ungarisch. Wenn aber Themen angesprochen wurden, die vielleicht nicht für die Ohren der Kinder geeignet waren, sagte Irene auf Jiddisch „nischt far de Kinderlach", darüber sprechen wir nicht vor den Kindern.

IHR BRUDER, MEIN ONKEL OSSI, hatte sich einer List bedient, um die Schoa zu überleben. Im Westen Ungarns hatte man dafür zwar bessere Chancen, aber ein Honiglecken war es auch nicht. Eine Zeit lang hatte er verrückt gespielt und war in eine psychiatrische Anstalt eingewiesen worden. Aber die Deutschen kamen auch dorthin auf der Suche nach Juden. Ossi war natürlich unter einem falschen Namen registriert, doch trotzdem vermuteten sie, dass er Jude war, und zogen ihm die Hose aus.

Dazu muss man wissen: In alten Zeiten waren die Beschneider keine Topchirurgen, und wenn sie einen jüdischen Knaben beschnitten, haben sie aus Vorsicht lieber weniger weggeschnitten als zu viel. So kam es, dass die Nazis meinten, dass er gar nicht beschnitten sei, und ihn laufen ließen. Als seine Mutter, unsere „Eigene", davon erfuhr, weinte sie bitterlich: nicht, weil sie hörte, dass Oskars Leben gerettet war, sondern weil sie es unerträglich fand, dass ihr Sohn nicht ordentlich beschnitten war!

Irgendwie muss die Zeit in der psychiatrischen Anstalt ein bisschen auf Ossi abgefärbt haben, denn auch nach dem Krieg war er zwar nicht gerade verrückt, aber doch ein bisschen eigenartig. Er war dabei ein lustiger Kerl, hatte mehr Frauen als alle seine Brüder zusammen und einen Fiat, den er „Paperino" nannte. Es war ein ganz kleiner Fiat, „ino" ist eine Verkleinerungsform, und Paperino ist die italienische Bezeichnung für „Donald Duck", heißt aber auch einfach Gänschen. Es war also eine Art Duck-Mobil, das Onkel Ossi fuhr. Wir wussten als Kinder allerdings nicht, dass das die Bedeutung dieses Kosenamens war. Ich habe es erst später herausgefunden. Uns Kindern sagte Ossi immer, dass er keinen Führerschein brauche, da er nur seinem Paperino sagen müsse, wohin er fahren will, und der das dann von allein könne.

Als mein Vater einmal mit Ossi in Frankfurt in ein koscheres Restaurant ging, ereignete sich eine lustige Episode. Koschere Restaurants eigneten sich damals als Treffpunkt für die Anbahnung von Eheschließungen. Weil viele Juden dort aßen, war es nicht unüblich, dass man eine Familie ansprach, wenn ein junger Mann beim Essen war und die andere Familie ein Mädchen hatte, das möglicherweise zu ihm passte. Mein Vater war damals vielleicht vierzig, schaute eher aus wie fünfzig, und Ossi war 35, sah aber wie 25 aus. Da kam ein Mann zum Tisch, wandte sich an meinen Vater und raunte ihm ins Ohr: „Ist das Ihr Sohn?" Mein Vater, der mit fremden Leuten schon damals gerne ein wenig Social Distancing praktizierte, lange bevor es Pflicht wurde, antwortete: „Nein, das ist mein *Vater*." Nun, aus dieser Ehe wurde nichts.

DER JÜNGSTE BRUDER meines Vaters hieß Erwin. Auch er hatte die Schoa überlebt und kurz nach dem Krieg eine polnische Jüdin namens Bella geheiratet, mit der er in den Fünfzigerjahren in die USA auswanderte. Die USA waren damals freundlicher zu Flüchtlingen als heute, allerdings durften sie nicht alle in New York bleiben, sondern wurden „verteilt". So kam Erwin nach Omaha, Nebraska, wo er und Bella einen der reichsten Männer der Welt, Warren Buffett, persönlich kennengelernt haben. Erwin eröffnete dort eine Bildergalerie und verkaufte an intellektuell sehr einfache, aber wohlhabende Farmer Gemälde. Jedes zweite Jahr fuhr er nach Paris oder Budapest und kaufte dort günstig Bilder ein, die er dann mit einem „kleinen" Profit in Omaha weiterverkaufte. Bei dieser Gelegenheit besuchte er mit Bella und ihrem Sohn Bobby oft auch Wien, *and we had a good time*. Wir lachten viel, besonders, wenn er von seinen Käufern erzählte. Die ließen sich oft von ihm beraten. Dann sagte er natürlich: „Ich hab genau das Bild für Sie!"

Einmal kam ein besonders simpler Mann zu Onkel Erwin und sagte: „Mr. Eisenberg, ich habe eine Wand, die sechs Feet breit und zwei Feet hoch ist, haben Sie ein passendes Bild für mich?" Natürlich hat Onkel Erwin auch das für ihn gefunden.

Erwins Gattin, Tante Bella, war nicht nur eine schöne Frau, wie man aus ihrem Namen schließen kann, sondern auch sehr klug. Die Familie investierte oft einen Teil ihres Verdienstes an der Börse, und Bobby, mein Cousin, ist heute ein äußerst erfolgreicher Banker. Daneben hat er schon vor zwanzig Jahren ein Buch über die amerikanischen Juden geschrieben, mich also quasi überholt. Obwohl wir weit voneinander entfernt wohnen, hat er sich damals mit mir über einige jüdische Geschichten beraten, und ich berate mich bis heute mit ihm.

Bobby schreibt gerade mit seinen beiden Kindern ein Gedenkbuch über seine Mutter Bella und hat alle Familienmitglieder ersucht, einen Beitrag zu liefern. Was mir dazu als Erstes eingefallen ist: Vor ungefähr dreißig Jahren riet mir Tante Bella, Aktien von IBM und Microsoft zu kaufen. Leider bin ich ihrem Rat nicht gefolgt, sonst wäre ich heute auch Banker und nicht Rabbiner.

WENN DER REBBE LERNT

MEINE GANZE KINDHEIT LANG war ich ein wenig anders – zumindest aus Perspektive der anderen. Meine Schwester und ich gingen nur fünf Tage pro Woche zur Schule, obwohl damals auch samstags unterrichtet wurde. Wir wurden wegen des Schabbats vom Unterricht befreit. Das ist heutzutage für alle Kinder normal, und so sieht man, wie wir Juden wieder einmal als Erste auf etwas gekommen sind, was später alle nachgemacht haben.

Da es damals, in den Fünfziger- und Sechzigerjahren, keine jüdische Schule in Wien gab, besuchten auch meine Schwester und ich eine öffentliche Volksschule und ein öffentliches Gymnasium. Also mussten wir eben am Sonntag alles nachlernen, was die anderen Kinder am Samstag in der Schule gelernt hatten. Mein Vater hatte eine Sondererlaubnis für uns erwirkt, die ihm unter der Bedingung gewährt wurde, dass wir den unterrichteten Stoff auch wirklich nachholen.

Meine Volksschullehrerin, Frau Ortl, hatte ich sehr lieb. Noch heute erinnere ich mich, dass sie einmal drei Wochen lang nicht erschien, weil sie operiert worden und danach rekonvaleszent war. Als sie zurückkam, sagte ich höflich, aber herzlich zu ihr: „Es tut mir leid, dass Sie so lange weg waren, und ich hoffe, dass Sie sich bald erholen werden." Sie hatte Tränen der Rührung in den Augen und hat auch mich sehr lieb gehabt.

Ganz besonders interessant und problematisch war für mich in der Volksschule der Dezember, wo andauernd von Weihnachten die Rede war. So sollten wir dann auch einen Aufsatz zum Thema „Wie feiern wir Weihnachten?" schreiben. Ich, mit acht Jahren, schrieb stattdessen einen

Aufsatz darüber, dass wir nicht Weihnachten feiern, weil wir nämlich Juden sind. Ich schrieb also über Chanukka und erklärte meiner Lehrerin und meinen Mitschülern in diesem Text das Chanukka-Fest. Frau Ortl rief mich daraufhin heraus und bat mich, meinen Aufsatz laut vorzulesen, was ich selbstverständlich gerne tat. Natürlich wusste ich damals von meinen Mitschülern genug über Weihnachten, sodass ich stattdessen auch einfach einen Fantasie-Aufsatz darüber hätte schreiben können, wie bei Eisenbergs zu Hause Weihnachten gefeiert wird. Aber das wollte ich nicht, und meine Lehrerin wusste das offenbar zu schätzen, wofür ich sie wiederum sehr gernhatte.

In der Volksschule waren meine Schabbat-Fehlzeiten deshalb noch gar kein großes Problem. Im Akademischen Gymnasium, das ich danach besuchte, dagegen schon. Diese Schule war etwas hochnäsig und aufseiten der Schüler sehr konservativ geprägt, und es passte manchen meiner Lehrer gar nicht, dass für mich als Juden sozusagen eine Ausnahme gemacht wurde.

Allerdings habe ich noch heute das Buch aus der zweiten Klasse Gymnasium, das mir von der Schule geschenkt wurde, da ich Klassenbester gewesen war – obwohl ich 16,666 Prozent des Unterrichts nicht mitgemacht habe (und wenn ihr euch jetzt fragt, wie ich diesen Wert so schnell errechnet habe: In Mathematik war ich immer besonders gut). Das Buch heißt „Abenteuer am Strom" und enthält auf der ersten Seite den handschriftlichen Vermerk „Dem klassenbesten Schüler der 2b".

Warum aber darf man am Schabbat eigentlich nicht die Schule besuchen, gilt der Schulbesuch etwa als Arbeit?

Das nicht, aber man soll als Jude am Schabbat nicht kreativ tätig sein. Schreiben gilt als kreative Tätigkeit, und da man in der Schule zwangsläufig schreibt, soll man am Schabbat nicht in die Schule gehen. Einen schweren Topf mit zehn Litern Suppe darf man durchaus aus der Küche ins Zimmer tragen, weil das zwar anstrengend, aber nicht kreativ ist.

An sich war das Akademische Gymnasium für mich und meine Schwester eine gute Schule, aber der „Nachteil" war, dass wir dort Altgriechisch lernen mussten, was bekanntlich nicht ganz einfach ist. Dafür konnten wir Homer auf Griechisch rezitieren, und wir hatten einen Professor namens Wolfgang Wolfring, der jedes Jahr ein griechisches Schauspiel inszenierte. Man sagt, ich habe in dem kurzen griechischen Rockerl sehr herzig ausgesehen.

Meine Schwester ist 16 Monate älter als ich, war aber nur eine Klasse über mir. Manchmal trafen wir uns in der Pause, aber lieber verbrachte ich die Zeit mit meinen Mitschülern – ganz besonders gern jedoch mit dem katholischen Religionslehrer, mit dem ich freundschaftlich theologische Differenzen austrug.

Den Deutsch-Professor Grossmann dagegen wurmte es besonders, dass ich am Samstag nicht in die Schule kam. Er ließ es mich spüren, indem er mich immer gleich am Montag fragte, was wir in der letzten Stunde gelernt hatten. Ich hatte das zwar von anderen Mitschülern abgeschrieben, aber er wollte genau die Formulierung hören, die er verwendet hatte und die ich natürlich nicht wiedergeben konnte. Zur Strafe gab er mir regelmäßig eine unangemessen schlechte Note in Deutsch. Bei der Matura aber habe ich mich an ihm „gerächt": Ich habe einen so guten Aufsatz geschrieben, der auch vom Vorsitzenden der Maturakommission gelesen wurde, sodass dieser darauf bestand, dass ich in Deutsch einen Einser im Maturazeugnis bekommen sollte.

Dass ich in Deutsch nicht so schlecht war, wie mein Professor gern gehabt hätte, lag wohl unter anderem daran, dass ich mit ungefähr fünf Jahren eine Bibel für Kinder bekommen hatte. So lernte ich schon mit fünf, perfekt Deutsch zu lesen. Meine Schwester war, wie erwähnt, ein Jahr älter als ich, und als sie die erste Klasse besuchte, habe ich zu Hause quasi mitgelernt. Hebräisch konnte ich sogar schon mit vier Jahren lesen, weil ich mit drei zu üben begonnen hatte, was bei uns religiösen Juden die Norm ist.

Zu Beginn meiner Schulzeit am Akademischen Gymnasium erfuhr ich sehr schnell, dass von den dreißig Schülerinnen und Schülern 21 katholisch waren, sechs evangelisch, einer ein Jude (nämlich ich) und zwei Schülerinnen ohne religiöses Bekenntnis. Ich war schon immer altklug und dachte mir deshalb: Wahrscheinlich sind die Eltern der beiden atheistischen Mädchen Kommunisten, die aus der Kirche ausgetreten sind.

EINES TAGES KAM ABER DER VATER eines der beiden bekenntnislosen Mädchen zu mir nach Hause – er wohnte gegenüber, und seine Frau war, das wusste ich bereits, die Sekretärin des berühmten jüdischen Kabarettisten Karl Farkas. Es war kurz vor Jom Kippur, und der Vater meiner Mitschülerin fragte, ob wir ihm ein übersetztes Gebetbuch für das Fest borgen könnten. Danach war mir klar, dass die Eltern von Susanne Stern nicht aus der katholischen Kirche, sondern aus der Kultusgemeinde ausgetreten waren! Warum ihr Vater ein Gebetbuch für Jom Kippur benötigte? Nun, mit Jom Kippur ist es bei den Juden ein bisschen wie mit dem Weihnachtsfest bei den Christen: Selbst diejenigen, die eigentlich gar nicht religiös sind, wollen bei diesem hohen Feiertag dann doch irgendwie mitfeiern.

Aber damit fängt diese Geschichte erst an, die eine Brücke von meiner Schulzeit bis in jene meines jüngsten Sohnes schlägt. Mein jüngster Sohn Kivi besuchte nämlich in Israel eine religiöse Mittelschule, wo man sowohl sehr viel Religion als auch Mathematik, Physik, Chemie, Hebräisch und Englisch zu lernen hatte. Das Schulsystem in Israel sieht vor, dass man zur mündlichen Matura auch eine zweite Fremdsprache wählen kann, die in der Schule nicht unterrichtet wird. Das tut natürlich nur jemand, der diese Sprache gut beherrscht, üblicherweise, weil sie in seiner Familie gesprochen wird.

Wo aber nimmt man für so eine Sprache, die an der Schule gar nicht unterrichtet wird, den Prüfer her? Im jeweiligen Stadtschulrat liegt eine Liste von Lehrern oder „Studierten" (wie man in Wien sagt) von nahezu jeder Sprache der Welt auf.

An Kivis israelischer Schule war Englisch die erste Fremdsprache, die zweite war Arabisch. Da er aber bis 14 in Wien in die Schule gegangen war, konnte er natürlich zehnmal so gut Deutsch wie Arabisch. Und so sagte er seiner Schule: Ich möchte in Deutsch als zweiter Fremdsprache bei der Matura antreten.

Der Antrag wurde angenommen – so weit, so gut. Als die Prüferin am Tag der mündlichen Matura ins Prüfungszimmer kam, erhielt sie einen Zettel, auf dem der Name des Prüflings stand, den sie ja nie zuvor gesehen, geschweige denn unterrichtet hatte. Sie las dort den Namen Akiba (Kivi) Eisenberg und fragte meinen Sohn: „Bist du mit dem Rabbiner in Wien verwandt?"

Und er sagte: „Das ist mein Vater."

Darauf die Prüferin: „Ich war mit ihm in einer Klasse im Akademischen Gymnasium!"

Denn das war niemand anderes als jene Susanne Stern, deren Vater sich – obwohl nicht religiös – für Jom Kippur einst ein Gebetbuch von uns ausgeborgt hatte. Und die dann später, obwohl sie nach wie vor ohne religiöses Bekenntnis war, mit ihrer ganzen Familie nach Israel ausgewandert ist.

Falls es nicht ohnehin klar ist: Ganz ohne Bestechung hat mein Sohn Kivi eine brillante Prüfung abgelegt und einen Einser in Deutsch bekommen.

Auch zur zweiten Schülerin ohne religiöses Bekenntnis in meiner Schulklasse gibt es eine interessante Geschichte. Sie hieß Elisabeth Schwarz und ist heute eine bekannte Psychoanalytikerin, mit der ich mich kürzlich im Café Korb auf einen Kaffee getroffen habe. Dabei sprachen wir noch einmal über die gemeinsame Schulzeit, und sie erzählte mir, was der Grund dafür gewesen war, warum sie trotz jüdischer Herkunft ohne religiöses Bekenntnis geführt wurde: Ihre Eltern hatten sich nach 1945 nicht in der Kultusgemeinde eintragen lassen, weil ihr Vater im Konzentrationslager gewesen war und auch ihre Mutter in der Schoa gelitten hatte. Die Familie Schwarz hatte deshalb, wie viele andere Juden, nach der Schoa Angst davor, als Juden erkennbar zu sein. Und sie bläuten ihrer Tochter ein, dass sie, wenn man sie nach ihrer Abstammung fragen sollte, ausweichend antworten und nie zugeben solle, dass sie geborene Jüdin ist.

Eine dramatische und traurige Geschichte. Dennoch oder gerade deshalb gibt es dazu einen schönen jüdischen Witz, in dem viel Wahrheit steckt:

Ein Jude ließ sich zu Bürgermeister Karl Luegers Zeiten an der Wende vom 19. zum 20. Jahrhundert, die für Juden nicht gerade gemütlich waren, zuerst evangelisch taufen und trat bald darauf zum Katholizismus über. Ein Freund, der wusste, dass dieser Mann im Herzen in Wirklichkeit noch Jude war, sagte daraufhin zu ihm: „Ich versteh schon, dass du dich hast taufen lassen, um dich zu assimilieren und damit du nicht scheel angeschaut wirst – aber warum gleich zweimal?" Darauf der Jude: „Schau, das ist so: Wenn ich einmal vor Gericht stehe, was doch sicher vorkommen kann, dann wird mich der Richter bestimmt fragen: ‚Welche Religion haben Sie?' Dann werde ich sagen, katholisch. Der Richter, der mich aber bestimmt im Verdacht haben wird, jüdischer Abstammung zu sein, wird dann weiterfragen: ‚Und was waren Sie, bevor Sie katholisch geworden sind?' Dann werde ich sagen: ‚Sie werden lachen, Herr Rat: Da war ich evangelisch!'"

An der Geschichte meiner Schulkollegin Elisabeth Schwarz erkennt man, dass dieser Witz, bei dem ein Jude versucht, die Spuren seiner Herkunft besonders gründlich zu verwischen, für viele auch noch nach der Nazizeit bitterer Ernst war.

Denn was man auch nicht vergessen darf: Abgesehen von den zwei „heimlichen" und dem einen „offiziellen" Juden – nämlich mir – in meiner Klasse, gab es dort 27 Schülerinnen und Schüler, deren Eltern in der Nazizeit in Österreich gelebt hatten. Viele aus dieser Generation waren Mitläufer oder haben aus Angst geschwiegen, andere waren Täter, und nur ganz wenige haben den Verfolgten aktiv geholfen. Natürlich konnte keines dieser Kinder etwas für die Taten oder Unterlassungen seiner Eltern. Aber es ist nur zu gut verständlich, dass es jüdische Eltern wie jene von Elisabeth Schwarz gab, die es unter diesen Umständen für sicherer hielten, ihre Herkunft nicht kenntlich zu machen.

NACH DER MATURA begann ich ein Studium der Mathematik an der Universität Wien. Es waren die Siebzigerjahre, und wir hatten am Institut gerade angefangen, mit den ersten zur Verfügung stehenden Großcomputern zu arbeiten, die man noch mit Lochkarten füttern musste und deren Rechenfähigkeit uns ungeheuer erschien, obwohl sie heutzutage gegen jedes Smartphone den Kürzeren ziehen würden.

Meinen Eltern fiel eine Zeit lang nicht auf, dass meine Noten in diesem Studium nicht mehr so genial waren wie in der Schule. Damals habe ich eine jüdische Jugendgruppe geleitet, die ihren Sitz am Judenplatz hatte, und habe mich leider (oder Gott sei Dank) mehr mit dieser

Jugendarbeit beschäftigt als mit der Mathematik. Das hat mich mit der Zeit nachdenklich gemacht, und ich begann zu zweifeln, ob ich wirklich einen Beruf ergreifen sollte, der großteils mit Zahlen und überhaupt nicht mit Menschen zu tun hat. Denn ich habe es immer genossen, mit Kindern und Jugendlichen zu sprechen, zu lernen, zu diskutieren und auch zu singen.

Als Sohn des Rabbiners habe ich jeden Tag nach der Schule und später nach dem Unterricht an der Uni zwei Stunden Hebräisch, jüdische Geschichte, Bibel und Talmud studiert. Auch am Schabbat und am Sonntag, was circa 15 Wochenstunden bedeutete, plus weiteren fünf Stunden, die ich mit den Jugendlichen verbrachte. Dass das nicht sehr gut für mein Mathematikstudium war, kann sich auch jeder Nichtmathematiker ausrechnen. Und so ging ich eines Tages zu meinem Vater und sagte: „Ich möchte gerne das Mathematikstudium abbrechen und stattdessen Rabbiner werden."

Mein gottseliger Vater hat aufgrund der Schoa erst mit vierzig Jahren geheiratet, und ich wurde geboren, als er bereits 43 Jahre alt war. Dieser Altersunterschied hat vielleicht bewirkt, dass ich ihm besonders viel Respekt zollte. Er war viel beschäftigt, als ich ein Kind war, und meine Mutter hatte mehr Zeit für meine Schwester und mich, als er erübrigen konnte. Es gibt Söhne, die unbedingt denselben Beruf ausüben wollen wie ihre Väter, andere wieder wollen jede Karriere machen, nur nicht die des Vaters. Angesichts meines Mathematikstudiums könnte man sagen, dass ich zunächst zur zweiten Kategorie gehörte. Schlussendlich wurde ich aber doch Rabbiner wie er, und zwar in der gleichen Stadt und in der gleichen Synagoge.

Im Laufe meines Lebens wurde ich oft gefragt, ob es eigentlich der Traum meines Vaters war, dass ich auch Rabbiner werde. Zu meiner Überraschung sagte er damals jedoch: „Rabbiner ist kein guter Beruf für einen jungen, frommen Juden."

Das klingt absurd, aber: Ein frommer Jude kann so fromm sein, wie er will, ein Rabbiner dagegen muss manchmal Kompromisse machen. In amerikanischem Englisch habe ich einmal einem fundamentalistischen Mitglied meiner Gemeinde gesagt: *„Don't outfroom the Rabbi!"*, was bedeuten soll, dass es sich nicht gehört, sich frommer als der Rabbiner zu geben. Bei den Christen heißt es: Sei nicht päpstlicher als der Papst. Aber in der Praxis muss ein Oberrabbiner für alle da sein, für die ganz Frommen und für die ganz Liberalen in seiner Gemeinde. Das wusste mein Vater aus eigener Erfahrung nur zu gut, und deshalb wollte er mir diesen Weg nicht uneingeschränkt empfehlen.

Außerdem wird man als Rabbiner mit vielen Konflikten konfrontiert und hat nicht nur Anhänger. Unter anderem bei denen, die gerne einen anderen Rabbiner gewählt hätten. Zumal zum damaligen Zeitpunkt nicht klar war, ob ich nach dem Rabbinatsstudium überhaupt eine entsprechende Stelle bekommen würde. Ein Pluspunkt in dieser Hinsicht war allerdings, dass ich sehr gut Deutsch konnte. Es gab und gibt auf der Welt heute eine Unzahl von Rabbinern, deren Muttersprache Hebräisch oder Englisch ist. Aber Rabbiner, deren Muttersprache Deutsch ist: Daran herrscht noch heute ein großer Mangel.

Das spricht dafür, dass es am Ende doch eine gute Idee war, auch wenn mein Vater zunächst eher dagegen zu sein schien. Außerdem war mein Vater damals schon älter und nicht mehr auf dem Höhepunkt seiner Kraft. Es war an der Zeit, dass er einen jungen Rabbiner als Assistenten an seine Seite bekam. Warum sollte nicht ich das sein, der ich seine Arbeit schon mein Leben lang ganz selbstverständlich studiert und beobachtet hatte?

Mein Vater hatte sicher gemischte Gefühle. Aber ich wusste, dass er letzten Endes stolz sein würde, wenn sein Sohn Rabbiner wird. Es gab ja immer wieder Rabbinerdynastien, auch mein Großvater väterlicherseits war, wie erwähnt, bereits Kantor und Rabbiner gewesen. Und auch einer meiner Söhne ist heute ein beliebter Rabbiner in Manchester.

DAS NÄCHSTE PROBLEM: Wo studiert man, um Rabbiner zu werden? Die nächstgelegene Rabbinerschule war in den Siebzigerjahren in Budapest. Dort hatte auch mein Vater studiert, und es wäre meinen Eltern am liebsten gewesen, wenn ich mein Studium in der Nähe absolviert hätte. Weil Budapest damals noch hinter dem Eisernen Vorhang lag, war dies die einzige Rabbinerausbildung im Ostblock. Man munkelte jedoch: Von den zehn Schülern des Budapester Seminars sind fünf echte Studenten und fünf Spione. Besonders problematisch war für die Kommunisten damals, wenn junge Rabbiner eine starke proisraelische Einstellung an den Tag legten. Als ich fragte, wie man denn die echten Studenten von den Spionen unterscheiden könne, antwortete der Leiter des Instituts, der meinen Vater noch von vor dem Krieg kannte: „Die, die besonders fromm ausschauen, sind die Spione."

Dieses Institut kam also für mich nicht wirklich infrage. Blieben noch Amerika und Israel. Amerika war sehr weit weg, und ich meinte, Jerusalem sei sicher der beste Platz auf der Welt, um Rabbiner zu werden. Warum, das zeigt sich zum Beispiel an dieser Anekdote:

Als der Oberrabbiner von Jerusalem einmal den Papst in Rom besuchte, sagte dieser dem Rabbiner, dass es im Vatikan ein Satellitenhandy gibt, mit dem man sich mit dem lieben Gott verbinden kann. Darauf sagte der Israeli: „Das möchte ich gerne ausprobieren."

Der Papst: „Das ist aber sehr teuer, das Gespräch kostet 10.000 Euro in der Minute."

Darauf rief der Rabbiner Jerusalem an und bat sie, das Gespräch zu finanzieren. Sie sagten: „Ja, aber nur eine Minute".

Nach einiger Zeit besuchte der Papst Jerusalem und machte bei dem Oberrabbiner einen Gegenbesuch. Dieser sagte: „Wir haben auch schon so ein Telefon."

Der Papst war beeindruckt und fragte: „Wie viel kostet das Gespräch bei euch?"

Darauf der Rabbiner: „Einen Euro pro Minute."

Der Papst schaute verwundert, und der Rabbiner sagte: „In Jerusalem ist das ein Ortsgespräch."

Deshalb wollte ich in Jerusalem in die Rabbinatsschule gehen. Mein Vater war einverstanden, ließ es sich aber nicht nehmen, mit mir nach Jerusalem zu fahren,

Paul Chaim Eisenberg (rechts) bei der Überreichung
seines Rabbiner-Diploms durch den damaligen Oberrabbiner
von Haifa, Rabbi She'ar Yashuv Cohen (stehend links)

weil es dort sehr viele verschiedene Rabbinatshochschulen, sogenannte Jeschiwas, gab, und er mitreden wollte, welche davon sein Sohn besuchen sollte. Von ihm lernte ich auch, dass ein Oberrabbiner beide Welten kennen sollte. Er muss die Welt der Orthodoxen und die der Liberalen gleichermaßen verstehen, auch wenn er selbst „modern orthodox" sein sollte.

Wir besuchten in Jerusalem also einige Schulen, und mir gefiel am besten eine, in der junge amerikanische Juden ihr Rabbinatsstudium absolvierten. Dort wurde auch viel Englisch gesprochen, sodass ich mit meinen sehr guten Englischkenntnissen und fast so guten Hebräischkenntnissen ausgezeichnet hineinpasste. Meinen Vater störte ein wenig, dass man dort einmal in der Woche gemeinsam jüdische Lieder mit Gitarrenbegleitung sang. So etwas war in den alten Talmudschulen in Ungarn, die mein Vater besucht hatte, natürlich nicht üblich gewesen.

Aber das war genau das, was ich wollte, und ich setzte mich mit meinem Wunsch schließlich durch.

Als an dieser Jeschiwa bald nach meiner Aufnahme bemerkt wurde, dass ich auch schön vorbeten kann, wurde ich – was sonst? – einer der Stars dort, habe auch bei Hochzeiten von Freunden oft gesungen und so meine musikalische Karriere gestartet.

Abgesehen vom Unterricht an meiner Jeschiwa habe ich in Jerusalem immer besonders die Torastunden einer gelehrten Frau namens Nechama Lebovich geliebt. In den Talmudschulen war es sonst üblich, dass Männer die Toravorträge hielten. Nechama Lebovich war eine Ausnahme, sie war Professorin für Judentum, Talmud und Bibel an der Hebrew University in Jerusalem. Meine Talmudschule lag ganz in der Nähe dieser Uni, und ein Freund und ich schwänzten einmal in der Woche zwei Stunden, um Lebovichs Vorträgen an der Universität zu lauschen.

Das war aber kein echtes Schwänzen. Als Schwänzen gilt nur, wenn man nicht in die Schule geht, sondern stattdessen in ein Kino. Aber einen Toravortrag zu versäumen, um einen *noch besseren* Toravortrag zu hören, kann doch keine große Sünde sein, oder? Und Frau Lebovichs Vorträge waren sensationell. Bei ihr habe ich unter anderem gelernt, dass man nicht nur die Worte eines Textes interpretieren kann, sondern es sogar wichtig ist, die einzelnen Buchstaben zu beachten. Sie war in ihren Interpretationen und ihrer Lehre unheimlich genau, ohne dabei je formalistisch oder trocken zu wirken. Und ich hoffe bis heute, dass ein bisschen etwas von ihrem Glanz durch diesen Unterricht auch auf mich und meine Lehrtätigkeit abgestrahlt hat. Denn Lehre ist nie gleich Lehre: Es kommt immer auf die Persönlichkeit des Lehrenden an, die viel wichtiger ist als das System oder die Institution, in der gelehrt und gelernt wird.

DAZU GIBT ES EINE WUNDERBARE, wahre Geschichte aus der New Yorker Bronx, die diese Tatsache verdeutlicht. In einer Schule dieses Stadtteils, der sehr heruntergekommen war, wurde eine Studie an hundert 16-jährigen Schülern einer Highschool durchgeführt, die fast alle vorbestraft waren, sei es wegen Diebstählen, Drogendelikten oder sogar Gewalt. Der zweite Teil der Studie an dieser Highschool wurde mit denselben Schülern zwei Jahre später, mit 18 Jahren, gemacht, um herauszufinden, wie sie sich in den letzten Jahren der Highschool entwickelt hatten.

Wie erwartet, gab es einen Großteil Drop-outs, die die Schule abgebrochen hatten und stattdessen ihre kriminelle Karriere weiterverfolgten. Interessanterweise gab es in einer Klasse aber ein ganz anderes Ergebnis. Auch dort waren die jungen Schüler schon mit 16 Jahren sozial auf dem absteigenden Ast, aber mit 18 waren fast alle immer noch in der Schule, hatten sogar gute Noten und ein gutes Benehmen. Eine kurze Nachforschung ergab, dass diese Klasse eine Lehrerin gehabt hatte, die inzwischen bereits in Pension war. Die Forscher besuchten und interviewten sie in der Hoffnung herauszufinden, was sie diese jungen Menschen denn so Außergewöhnliches gelehrt und welcher speziellen Methode sie sich dafür bedient hatte.

Die alte Dame – und ich stelle mir gerne vor, dass sie Jüdin war – sagte auf die Fragen der Forscher nur: „Ich habe sie den gleichen Stoff gelehrt wie auch die anderen Lehrer." Als das Forscherteam versuchte, weitere Details zu bekommen, fanden sie absolut nichts Besonderes an ihrer Lehrmethode. Schließlich machten sie sich etwas enttäuscht auf, um zu gehen, in der Erkenntnis, dass es sich vielleicht nur um eine höchst außergewöhnliche statistische Anomalie gehandelt hatte. Da hörten sie beim Schließen der Wohnungstür, wie die Lehrerin mehr zu sich als zu ihnen seufzend sagte: „I loved these boys ..."

Und ich liebe diese Geschichte, weil sie meiner Ansicht nach fast alles erzählt, was sich über gute Lehre und menschliches Lernen an sich sagen lässt.

Das jüdische Lernen ist aber nicht nur für Rabbiner. So habe ich zum Beispiel inzwischen zwei Schwiegersöhne, die fleißig viele Jahre den Talmud studiert haben, ohne dass sie Rabbiner werden wollten. Es ist also nicht so, dass alle Talmudstudenten auch den Beruf ergreifen, für den sie eigentlich zur Hochschule gehen – auch wenn es in meinem Fall dann wirklich so gewesen ist. Mit 28 Jahren, nach sechs Jahren Ausbildungszeit, war ich mit der Jeschiwa fertig und ging zurück nach Wien, wo ich meinem Vater assistierte und später selbst Oberrabbiner wurde.

Da das aber, wie gesagt, nicht für alle Studenten einer Jeschiwa gilt, könnte man sich jetzt fragen: Wozu soll das gut sein, dass einer eine Jeschiwa besucht, dann aber nicht Rabbiner wird?

In Wirklichkeit sind Tora und Talmud nicht nur Studienstoff für Rabbiner und werden auch nicht nur an den Rabbinatshochschulen gelehrt, sondern sie sind tägliches

Brot für jeden Juden, der wissen will, wie man Schabbat feiert, was koscher ist etc.

In Pressburg gab es Anfang des 19. Jahrhunderts zum Beispiel einen berühmten Rabbiner, der seine Schüler dezidiert ermunterte, *nicht* Rabbiner zu werden. Als er einmal gefragt wurde, warum aus seiner Schule so wenige Rabbiner entspringen, sagte er: „Meine Schüler verstehen wenigstens, ob ihr Rabbiner ein guter Rabbiner ist." Interessanterweise habe ich später immer wieder erlebt, dass solche gebildeten Juden mich weniger kritisiert haben als solche, die gar keine Ahnung vom Judentum hatten.

Dieser Wert der Bildung ohne das Schielen auf ihre unmittelbare Verwertbarkeit ist in den jüdischen Schriften und der jüdischen Kultur in jedem Fall ganz klar verankert. Eigentlich ist es die Grundlage der jüdischen Ethik, die uns lehrt, dass es sich letzten Endes auszahlt, die Gebote zu befolgen und sich zu bemühen, ein guter Mensch zu sein – auch wenn wir dafür nicht immer sofort belohnt werden.

Der Lohn ist zumeist kein vom Himmel herabgefallenes Brathuhn. Wenn ich nett zu einem Menschen bin, wird er auf Dauer wahrscheinlich auch eher nett zu mir sein. Und wenn ich den Schabbat halte, werde ich einen Tag der Ruhe in der Woche haben, was bekanntlich für alle gut ist.

Ebenso steckt der Lohn des Lernens im Lernen selbst. Das ist vielleicht die wichtigste Lehre, die mir meine Schul- und Studienzeit gebracht hat.

WENN DER REBBE EINE FAMILIE HAT

ZU BEGINN DES JÜDISCHEN JAHRES, nach dem Neujahrsfest und nach Jom Kippur bis nach dem Laubhüttenfest, hatte man von der Jeschiwa frei und konnte drei Wochen nach Hause fahren. Einmal kam ich nach dem Laubhüttenfest von einem dieser Heimaturlaube wieder nach Jerusalem zurück und landete am Flughafen Lod, der heute Ben Gurion heißt. Von dort konnte man entweder mit dem Bus oder mit dem Taxi in die Stadt fahren – und dann gab es noch eine dritte Möglichkeit, nämlich ein Gemeinschaftstaxi für sieben oder acht Leute.

Um im Vergleich zu einem normalen Taxi, das im Hebräischen „Privat-Taxi" heißt, ein bisschen Geld zu sparen, entschied ich mich damals für dieses Gemeinschaftstaxi.

Ein paar Wochen darauf, im Dezember, kam das Chanukka-Fest. Anlässlich dieses Festes gab es eine Studenten-Party, bei der viele junge Leute zusammenkamen, viele religiöse Mädchen und Jungen, aber natürlich keine Fundis, denn die gehen prinzipiell nicht auf gemischtgeschlechtliche Partys.

Auf dieser Party lernte ich eine junge Frau kennen, mit der ich mich gleich gut verstand. Wir plauderten miteinander, fanden dabei ein wenig Gefallen aneinander und trafen einander ein paar Mal. Das Mädchen war Amerikanerin, und bei einem unserer Treffen fragte sie mich: „Warst du über die Feiertage bei deinen Eltern?"

„Natürlich."

„Wann bist du zurückgekommen?"

„Gleich nach den Feiertagen bin ich zum Flughafen und nach Jerusalem", antwortete ich.

„Bist du in einem Gemeinschaftstaxi gefahren?", fragte sie weiter. Und als ich das bejahte, wollte sie wissen, an welchem Tag und zu welcher Stunde das gewesen war.

Das wusste ich nicht mehr. Aber ich konnte in meinem Pass nachschauen, in dem sich der Stempel vom Tag der Einreise befand.

Auch sie schaute in ihrem Pass nach, und es stellte sich heraus, dass wir am selben Tag aus den Ferien zurückgekommen waren. Wir verglichen dann auch noch die Uhrzeiten unserer Flüge, und auch die passten zusammen. Schließlich stellten wir fest, dass wir uns beide daran erinnern konnten, dass unser Gemeinschaftstaxi mehrere Umwege gemacht hatte, weil der Fahrer sich beim Absetzen der Passagiere in Jerusalem mehrmals verfahren hatte. Wir waren also offensichtlich im selben Taxi gesessen.

Die junge Dame erzählte mir dann noch, dass ihr auf dieser Fahrt ein Deutsch sprechender junger Mann aufgefallen war (im Gemeinschaftstaxi befand sich nämlich noch eine Wiener Jüdin, mit der ich Deutsch geredet hatte). Ihre Eltern waren aus Deutschland geflüchtet und den Nazis nur knapp entkommen. Ihr Vater hat nach dem Zweiten Weltkrieg nie wieder einen Fuß auf deutschen Boden gesetzt, obwohl er dadurch auf die Rückgabe eines großen Kaufhauses verzichtete. Er und seine Frau sprachen in Amerika nie auch nur ein Wort Deutsch und erzogen ihre drei Töchter in diesem Sinn, weshalb sie so verwundert darüber gewesen war, einen Juden Deutsch sprechen zu hören.

Annette, so hieß die junge Frau, und ich konnten uns beide aneinander erinnern, obwohl wir uns bei dieser

Fahrt nicht kennengelernt hatten. Das betrachteten wir als Zeichen, dass der liebe Gott wollte, dass wir einander trafen. Denn wer sonst hätte die Macht, es einzurichten, dass wir – aus zwei ganz unterschiedlichen Ecken der Welt kommend – im selben Taxi nach Jerusalem saßen? Da es auf der Taxifahrt mit dem Kennenlernen nicht geklappt hatte, gab der Ewige uns eine zweite Gelegenheit. Wir haben den Wink verstanden, sind miteinander ausgegangen und ein Paar geworden.

Als Annettes Eltern erfuhren, dass ihre Tochter in Jerusalem einen jungen Juden aus Österreich kennen- und lieben gelernt hatte, waren sie geschockt. Annette sagte zu ihnen am Telefon: *„But he is not from Germany, he is from Austria!"*

Und sie antworteten: „Das ist noch ärger!"

Während wir verlobt waren, sagte Annette zu mir, dass sie in Israel leben wolle und ich in Israel einen Rabbinatsposten annehmen sollte. Ihre und meine Eltern hatten eine Meinungsverschiedenheit, wo wir heiraten sollten. Ihre Eltern meinten, der jüdische Brauch sei, dort zu heiraten, wo die Brauteltern leben (West Orange in der Nähe von New York City). Mein Vater sagte: Der Sohn des Oberrabbiners von Wien muss in Wien heiraten. Als Kompromiss heirateten wir dann in Jerusalem, wo wir einander kennengelernt hatten.

Als ich ein Jahr später mit meinem Rabbinatsstudium fertig war und ein Angebot aus Wien als Jugendrabbiner bekam, willigte Annette schweren Herzens ein, aber rang mir das Versprechen ab, dass ich nur einige Jahre in Wien bleiben würde und wir dann gemeinsam wieder nach

Israel gehen würden. Drei Jahre später verstarb mein Vater, und Annette sah eine gute Gelegenheit, nach Israel zurückzukehren. Die Israelitische Kultusgemeinde bot mir jedoch den Posten des Oberrabbiners von Wien an, und ich habe aus Ehrgefühl meinem Vater gegenüber und zur großen Enttäuschung meiner Frau angenommen.

Viele Jahre hat Annette an meiner Seite die Funktion einer Rabbinerfrau perfekt ausgeübt, aber in ihrem Herzen wollte sie immer zurück nach Israel. Dort leben auch drei unserer verheirateten Töchter und dort haben wir vor ungefähr 15 Jahren eine kleine Wohnung gekauft. Diese Wohnung wurde zur Hälfte auf meinen Namen und zur Hälfte auf ihren Namen gekauft. Als sie sich entschlossen hat, mich und Wien zu verlassen, habe ich ihr auch meine Hälfte geschenkt und Annette lebt seit einigen Jahren dort von mir getrennt.

Dass unsere Ehe nicht bis an unser Lebensende gehalten hat, ist traurig. Aber es ändert nichts daran, dass es der Ewige und das Leben gut mit uns gemeint haben.

VOR ALLEM BEI UNSEREN KINDERN: Denn eigentlich sind all unsere sechs Kinder Genies. Jüdische Eltern werden jetzt sagen, das ist bei uns Juden ganz normal. Jedes jüdische Kind ist ein Genie. Bei meinen Kindern geht das so:

Mein Sohn David, mein zweitältestes Kind, ist Rabbiner und betreut eine Synagoge in Manchester. Dass er aber auch ein Genie ist, beweist die folgende wahre Geschichte:

Nachdem er auch nach seiner Hochzeit viele Jahre in die Talmudschule in Manchester gegangen ist und ich

Beim Abendessen im Kreis der Familie in Jerusalem

schon Angst hatte, er würde ein ewiger Student werden, erklärte er mir, dass eine Rabbinatsstelle in Manchester frei geworden sei und er sich darum bewerben werde. Es gab noch einen anderen Bewerber, und beide mussten nach einem Gespräch mit dem Gemeindevorstand in der Synagoge eine Predigt halten. Sie erhielten in einem Hotel in der Nähe des Bethauses nebeneinanderliegende Zimmer, wo sie sich auf ihre Predigt vorbereiteten. David war sich der Bedeutung dieser „Aufnahmsprüfung" bewusst und schrieb die Predigt nicht nur auf, sondern lernte sie auswendig und übte sie in seinem Zimmer mehrmals laut. Sein Mitbewerber hörte Davids Rede, erkannte, dass sie viel besser als seine vorbereitete war, und schrieb sie wortwörtlich auf. Am „großen" Tag erreichte er, dass er als Erster drankam. Als David hörte, dass der andere seine Predigt gestohlen hatte, überlegte er zuerst, ob er jetzt eine frei gesprochene andere Rede halten solle. Er entschloss sich, Folgendes zu tun. Er sagte: „Ich gratuliere meinem Kollegen zu der wundervollen Predigt. Ich kann keine bessere halten! Aber da ich auch da bin, um mich für den Rabbinatsposten zu bewerben, möchte ich eine andere Fähigkeit vorzeigen. Ich werde jetzt die Predigt, die mein Kollege vorgelesen hat, auswendig wortwörtlich wiederholen."

David bekam den Posten.

David war oft in Wien und hielt geniale Vorträge auf Deutsch. Dann sagten alle: „Das ist doch der Sohn von unserem Oberrabbiner Paul Eisenberg!" Auf Englisch kann man ihn jede Woche im Internet auf „TorahAnytime" hören. Dort gibt es fast tausend verschiedene Rabbiner, die Vorträge hochgeladen haben. Wenn ich David und seine Familie in Manchester besuche, dann sagen die Leute aus seiner Synagoge umgekehrt über mich: „Sind Sie nicht der Vater von unserem Rabbiner?"

Meine Tochter Ruchi wohnt in New York, ist mit Rabbiner David Cohen verheiratet und ist eine geniale Schriftstellerin. Ich habe beim Ordnungmachen in ihrem Zimmer vor Kurzem fünf handgeschriebene Tagebücher mit insgesamt ungefähr tausend Seiten gefunden, die sie im Alter von 16 bis 18 Jahren geschrieben hat. Eines habe ich ihr nach New York geschickt und die anderen wird sie beim nächsten Besuch in Wien – hoffentlich bald – abholen. Sie hat mir aufgetragen: „*Daddy, don't read my diaries.*" Tatsächlich ist sie aber auch eine geniale Krankenschwester. In Amerika ist das ein Diplomstudium, und sie hat ein *master's degree* erworben.

Meine Tochter Tali wiederum ist eine geniale Computerspezialistin. Sie ist Nummer zwei in der Hierarchie bei

Tanz mit Tochter Tali bei ihrer Hochzeit

Facebook Israel. Vor zwei Jahren fragte ich sie, ob ich Facebook-Aktien kaufen soll, und sie sagte mir: „Das wäre Insiderwissen, das darf ich dir nicht sagen." Ein wenig verärgert fragte ich sie: „Was? Deinem eigenen Vater willst du das nicht sagen?!" Sie antwortete lächelnd: „Papi, wir wissen selbst nicht, wie sich der Aktienkurs entwickeln wird." Ihr Mann Ephraim arbeitet als Fundraiser bei einer jüdischen sozialen Organisation.

Meine jüngste Tochter Ronit sah ihre ältere Schwester Tali immer als Vorbild und ist auch in der Hightechbranche tätig. Als sie uns vor circa zehn Jahren ihren Bräutigam Mordechai vorstellte, um unser Einverständnis zur Hochzeit zu bekommen, sprach ich eine Stunde allein mit Mordechai. Er war damals noch Talmudstudent und ich fragte ihn, wie lange er noch lernen müsse, um das Rabbinatsdiplom zu erlangen. Er antwortete: „Ich möchte gar nicht Rabbiner werden, sondern nur so weiter Talmud studieren."

Dann fragte ich ihn, wie lange noch. Er antwortete: „Mein ganzes Leben."

Darauf fragte ich ihn: „Wer wird das finanzieren?", und er antwortete: „Der liebe Gott wird schon helfen."

Damit war das Gespräch beendet, und ich sagte zu meiner Frau Annette: „Den nehmen wir, er glaubt, ich bin der liebe Gott." Gott sei Dank verdient Ronit sehr gut, und mit ein wenig Hilfe von mir und viel Hilfe von Mordechais Eltern geht sich alles aus.

Ronit und ihre Geschwister fanden ihren Vater oft peinlich, zum Beispiel, wenn ich mit wildfremden Taxifahrern oder Kellnern ein Gespräch anfing, so als ob ich sie schon lange kennen würde. Meine Kinder entschieden dann, dass man mich kurz PPP nennen könnte, was Peinlicher Papa Pauli bedeutete. Als ich vor circa zwanzig Jahren von Bundespräsident Klestil den Professorentitel erhielt, sagte Ronit zu mir: „Jetzt heißt Du PPPP, Peinlicher Professor Papa Pauli." Genial.

Mein jüngster Sohn Kivi ist auch ein Genie, wie alle jüdischen Kinder. Er ist unser sechstes Kind und war trotzdem ein Wunschkind. Den Wunsch hatte allerdings sein älterer Bruder David, der bereits eine ältere und drei jüngere Schwestern hatte. Er wollte unbedingt noch einen kleinen Bruder. Nach der Geburt von Ronit fügte er sich in das Schicksal, dass er wahrscheinlich keinen Bruder mehr haben würde. Aber er gab die Hoffnung nicht ganz auf.

Damals kam ein „Wunderrebbe" auf Besuch nach Wien. David ersuchte mich, mit ihm zum Rebbe zu gehen. Ich fragte ihn nach dem Grund für sein Interesse und David sagte: „Wenn er wirklich ein Wunderrabbi ist, kann er sicher erwirken, dass ich noch ein Brüderlein bekomme." Darauf sagte ich: „Dann gehst du allein!"

Aber Annette ging dann doch mit ihm, und es war wirklich ein Wunderrebbe, denn er sagte David nicht: „Du wirst noch einen Bruder haben", sondern: „Du kannst noch einen Bruder haben." Ein Jahr später wurde Davids Wunschkind Kivi geboren.

Eigentlich heißt er Akiva und Aaron. Bei uns Juden ist es üblich, wenn Großväter oder Großmütter sterben, dem nächsten Kind, das geboren wird, den jüdischen Namen des verstorbenen Großelternteils zu geben. Mein Vater Akiva und mein Schwiegervater Aaron verstarben ungefähr zur gleichen Zeit. Als dann Kivi geboren wurde, haben meine Frau und ich nicht gestritten, sondern wir haben ihm die Vornamen von beiden Großvätern gegeben: Aaron nach dem Vater meiner Frau und Akiva nach

Mit dem jüngsten Sohn, Kivi

meinem Vater. So wurde er in der Familie bald Kivi genannt, und in der Bank, wo er heute arbeitet, heißt er Aaron Eisenberg.

Nebenbei erwähnt, hat Kivi etwas komische Reisepässe: Im österreichischen habe *ich* seinen Namen eintragen lassen und Aron mit einem A geschrieben. Im amerikanischen Reisepass hat sich meine Frau darum gekümmert, und dort steht Aaron mit zwei A. Natürlich ist er genauso genial wie seine Geschwister, er ist ein genialer Banker geworden, wird einmal sehr reich sein – und dann hoffentlich seine Eltern unterstützen, die sein Studium finanziert haben.

Vielleicht ist euch aufgefallen, dass ich bei meiner ältesten Tochter nicht geschrieben habe, dass sie genial ist. Aber sie ist für mich die allergenialste: weil sie ihren alten Vater von Jerusalem aus täglich anruft. Sie ist also eine geniale *Tochter*.

Diese geniale Tochter Yael wurde am 15. November 1978 geboren. Meine Frau und ich haben am 3. Jänner 1978 in Jerusalem religiös geheiratet, sodass sich das genau ausging. Als wir dann zu Pessach im April nach Wien kamen, holten wir die standesamtliche Hochzeit nach.

Dass uns die religiöse Zeremonie wichtiger war, lässt sich unter anderem daran festmachen, dass wir in Jerusalem vierhundert Gäste hatten: hundert Freunde von meiner Frau aus Jerusalem, hundert von mir aus Jerusalem, hundert von ihren Eltern aus New York und hundert von meinen Eltern aus Wien. Bei der Wiener standesamtlichen Hochzeit, bei der wir rituell schon als verheiratet galten, waren nur vier Leute anwesend: meine Frau und ich sowie meine Mutter und meine Tante Irene als zwei Zeuginnen. Plötzlich sahen wir, wie meine Mutter sich verstohlen mit einem Taschentuch die Tränen aus den Augen wischte. Ich sagte zu ihr: „Mama, warum weinst du? Die Hochzeit war ja schon vor hundert Tagen in Israel." Da antwortete sie: „Damals hatte ich keine Zeit zu weinen, ich musste mich doch um die Gäste kümmern!"

Meine Tochter Yael war von ihrer Geburt am 15. November 1978 an ein zartes Pflänzchen, und als es Zeit für die Einschulung wurde, fehlten ihr zu Beginn des Schuljahres im September noch zweieinhalb Monate auf die Vollendung des sechsten Lebensjahres. Man riet uns, sie noch ein Jahr in die Vorschule zu schicken, und wir akzeptierten den Ratschlag der Schule.

Mein erster Sohn David wurde zwei Jahre nach Yael am 7. September 1980 geboren, und wir planten, ihn im Jahr 1986 in die Schule zu schicken, auch wenn ihm zu Schulbeginn noch sieben Tage zum sechsten Geburtstag fehlten. Damit das möglich war, musste er einen Test zur Schulreife machen. Nach diesem Test zeigte uns die Lehrerin sein fürchterliches Geschmiere und riet uns eindringlich dazu, ihn so wie damals seine ältere Schwester noch ein Jahr zurückzustellen.

Meine Frau und ich aber fanden, dass er zwar hässlich schrieb, aber körperlich und geistig schon reif genug war, um mit der Schule zu beginnen. Die Lehrerin stimmte murrend zu, warnte uns jedoch, dass es sich um eine Probezeit handle und das Kind darunter leiden würde, wenn es später zurückgestuft werden müsste. Sie ließ keine Gelegenheit aus, uns immer wieder darauf hinzuweisen,

Eine große Familie, zahlreiche Fotos

dass wir unserem David nichts Gutes täten. Um das zu untermauern, erklärte sie, dass er motorisch schwach sei und so langsam schreibe, dass er sicher kein Diktat bewältigen könne.

Interessanterweise hat David dann aber doch jedes Diktat bis zum Ende mitgeschrieben. Wir fragten ihn, wie er das trotz seiner langsamen Schreibweise geschafft hat, und er sagte: „Bis die Lehrerin am Ende mein Heft abgeholt hat, hatte ich immer noch dreißig Sekunden Zeit. Da habe ich mir einfach alles gemerkt, was sie davor diktiert hat, und es dann noch niedergeschrieben …"

Während alle anderen meiner Kinder studiert haben, hat Yael ohne zu studieren mit 19 geheiratet. Sie hat uns als Älteste viel beim Babysitting der Kleineren geholfen, hat das aber auch genutzt, um die Position der strengen Gouvernante ihren Geschwistern gegenüber einnehmen zu können. Böse Zungen behaupteten, sie wollte so schnell wie möglich von zu Hause weg.

Zur Zeit ihrer Hochzeit war in Wien und Österreich noch immer eine Aufbruchsstimmung spürbar, nachdem Bundeskanzler Vranitzky in Israel eine historische Rede gehalten hatte, in der er eine Mitschuld des früheren Österreich am Holocaust vor der Knesset bekannt hatte, womit er eine besondere, aktuelle Verantwortung der Österreicher begründete. Da ich als Oberrabbiner sehr viele Gäste einladen musste, hat mir Helmut Zilk, der damalige Wiener Bürgermeister, angeboten, Yaels Hochzeitsdinner im großen Saal des Rathauses zu veranstalten, was uns eine besondere Ehre war.

Yaels Schwester Tali war schon von klein auf ganz besonders vif. Als Kind erfand sie ein Spiel, das sie mit mir einige Tage durchhielt, nämlich dass sie der Vater ist und ich das Kind. Als ihre Geschwister einwandten, dass ich doch viel größer sei als sie, sagte die achtjährige Tali: „Okay, dann ist er das *Großkind.*"

Da ich oft auch zu Hause arbeitete, kam es vor, dass ein Kind den Hörer abhob, wenn bei uns das Telefon läutete. Als einmal eine Frau anrief und sagte, sie wolle den Oberrabbiner sprechen, antwortete Tali: „Spricht." Die Dame war ein bisschen verwirrt, weil die Stimme meiner Tochter gar nicht wie die des Rabbiners klang. Und so sagte sie: „Ich möchte mit deinem Vater sprechen, nicht mit dir." Darauf rief meine Tochter laut durch die Wohnung: „Grooooßkind!" Wir haben dann beschlossen, das Spiel schön langsam wieder zu beenden.

Eine ähnliche Situation hatte es schon im Jahre 1955 gegeben, als der Staatsvertrag unterschrieben wurde. Mein Vater war als Oberrabbiner am Abend nach der Unterzeichnung zu einem Empfang eingeladen. Meine Mutter zog sich ein kleines Schwarzes an, und die beiden erzählten meiner Schwester und mir von dem großen Ereignis, obwohl wir mit fünf, sechs Jahren natürlich keine Ahnung hatten, wie wichtig der Staatsvertrag war. Als dann, nachdem meine Eltern gegangen waren, jemand anrief und fragte, ob er mit dem Oberrabbiner sprechen könne, lautete die Antwort meiner Schwester: „Er ist nicht zu Hause, er muss den Staatsvertrag unterschreiben."

Wir Kinder waren natürlich sowieso immer neugierig, wohin unser Papa ging, und einmal erzählte er meiner Schwester und mir, er müsse einen jüdischen Häftling besuchen. Danach, so sagte er, müsse er ein Begräbnis leiten. Als dann wieder jemand anrief, und ich am Telefon Bescheid gab, dass der Oberrabbiner nicht zu Hause sei, fragte der Anrufer, wo er denn sei, und ich antwortete: „Er ist entweder noch im Gefängnis oder schon am Friedhof."

WEIL IM JUDENTUM Familie einfach besonders wichtig ist, gibt es auch viele jüdische Lieder über Kinder. Ich erinnere mich insbesondere an zwei davon: Das eine beschreibt die Kinder, wie sie beim Lehrer hebräische Buchstaben erlernen, um später das Gebetbuch und die Tora zu lesen. Im kalten Osteuropa versammelten sich diese Schüler bei einem Lehrer zu Hause um den Kamin, auf Jiddisch *Pripetschik*. Oft haben Eltern, die das Schulgeld mit ihrem kargen Einkommen doch nicht zahlen konnten, dem Lehrer Holz statt Geld gegeben, damit er seinen Kamin nicht nur für die Schüler, sondern auch für seine Familie heizen konnte.

Um keiner Verwechslung Vorschub zu leisten, muss ich jetzt vorausschicken, dass so ein Lehrer von den Kindern und Eltern *Rebbe* genannt wurde, auch wenn er kein ausgebildeter Rabbiner war. Denn Rebbe heißt eigentlich einfach nur „Lehrer".

> *… Auf dem Pripetschik brennt a Fajerl*
> *Und im Stub ist heiß*
> *Und der Rebbe lernt mit kleine Kinderlach*
> *Dem Alef Beis …* (Alphabet)

Dieses Lied zeigt, wie wichtig das Tora-Lernen im Judentum war und immer noch ist. Kinder, vor allem kleine Buben, wurden schon ab drei Jahren zum Rebbe geschickt.

Ein zweites Lied, das ich persönlich vom berühmten Wiener jüdischen Sänger Theodore Bikel gehört habe (der rechtzeitig 1938 vor den Nazis in die USA geflüchtet ist), geht so: Ein alter Mann sieht, wie die Kinder am Spielplatz spielen, und sagt zu ihnen:

> *… Hulliet, hulliet, Kinderlach* (Tobt euch aus, Kinder)
> *Versäumt kein Augenblick*
> *Weil vom Frühling bis zum Winter*
> *Ist ein Katzensprung …*

Der Sänger erzählt, dass sein Körper schon alt, seine Seele aber noch so jung wie die der Kinder ist. In diesem Lied wird auch ausgedrückt, dass man (besonders kleinen) Kindern beim Lernen auch eine Pause gönnen muss. Während manche Fundis nämlich glauben, dass man dann zu wenig Zeit fürs Lernen hat, ist es in Wirklichkeit so, dass Kinder nach einer Pause besser oder mehr lernen, als wenn sie rund um die Uhr lernen müssen.

Die Tora-Fundis sagen aber auch, die Kinder sollten nur Tora lernen und nicht Physik, Chemie und Geografie. Sie begründen das noch mit einer Spitzfindigkeit, nämlich, dass in der Tora und dem Talmud das gesamte Wissen stecke und dass die Talmud-Lehrer deshalb mehr von Medizin verstünden als die heutigen Ärzte, und mehr von Astronomie als die heutigen Astronomen.

Die Wissenschafts-Fundis – die gibt es nämlich auch – sagen hingegen, alles, was in der Tora steht, sei lächerlich, weil es nicht immer mit wissenschaftlichen Erkenntnissen übereinstimme.

Ich stimme beiden Extrempositionen nicht zu, und es war mir auch bei der Erziehung und der Bildung meiner Kinder immer wichtig, dass sie sowohl Tora als auch Sprachen, Musik und andere Fächer lernen. Zum Glück gibt es für diese Haltung des rechten Maßes in der Erziehung im Judentum auch mehrere Vorbilder:

Ende des 19. Jahrhunderts lebte in Deutschland ein berühmter Rabbiner namens Samson Raphael Hirsch, der mit einem damals revolutionär klingenden Gedanken meinte, Tora und Wissenschaft stünden nicht im Widerspruch zueinander, und das Beste sei deshalb, wenn man als Jude beides lernt. In vielen gelehrten Aufsätzen ging er so weit zu sagen, dass Tora und Wissenschaft einander ergänzen. Man versteht also die Tora besser, wenn man Physik oder Geschichte studiert hat. Aber auch ein Wissenschaftler wird die Welt besser verstehen, wenn er auch Tora lernt.

1919 gründete dann in Wien der berühmte Oberrabbiner Zwi Perez Chajes ein jüdisches Privat-Realgymnasium, wo diese Symbiose gelehrt wurde. Diese Schule existierte klarerweise in der Nazizeit nicht und wurde 1980 zunächst als Volksschule wiedereröffnet. Heute ist es ein Riesencampus, vom Kindergarten bis zur Maturaklasse, der 2008 im Prater eingeweiht wurde.

Ich kam nach meinem Studium 1978 nach Wien zurück und wirkte bei der Gründung dieser Schule mit. Ich habe dort auch unterrichtet und den Religionsunterricht beaufsichtigt. Und ich darf sagen, diese Schule hat bewirkt, dass manche jüdische Familien ihre Kinder nicht in Schulen ins Ausland geschickt, sondern hier belassen haben. Ebenso, wie ich immer gerne viel Zeit mit meinen eigenen Kindern verbracht habe, hat es mir auch immer großen Spaß gemacht, im Unterricht mit Kindern und Jugendlichen zu arbeiten. Es ist kein Zufall, dass meine erste Funktion in Wien die des Jugendrabbiners war, in die mein Vater mich berufen hat, als er selbst noch Oberrabbiner war.

In das Zwi-Perez-Chajes-Gymnasium gingen natürlich auch meine sechs eigenen, genialen Kinder. Zumindest, bis sie 14 Jahre alt wurden – danach hat die Frau Oberrabbiner gemeint, bis zur *Junior High School* könne man noch in Wien lernen, danach hätten doch die Schulen in den USA und Israel ein höheres jüdisches Niveau. So sind unsere Kinder dann eines nach dem anderen zur Vollendung ihrer Schullaufbahn ins Ausland gegangen und leben nun auch als Erwachsene in Israel, den USA, Kanada und England. Dort haben sie ihre eigenen Familien gegründet, und so habe ich inzwischen nicht nur sechs Kinder, sondern auch ganze dreißig Enkelkinder, die ich, wann immer es geht, besuchen fahre, und wann immer das nicht geht, mit ihnen telefoniere.

Die Großfamilie Eisenberg bei der Hochzeit

Aber auch wenn meine Nachkommen heute über die Welt verstreut sind: Was zählt, ist, dass unsere sechs Kinder in Wien und danach in den USA und in Israel sowohl Tora als auch „Wissenschaften" gelernt haben.

sten Sohns Akiva Eisenberg in Toronto, 2016

WENN DER REBBE FUSSBALL SPIELT

SO WIE VIELE ANDERE KNABEN habe auch ich als Kind Fußball gespielt. Am Spielplatz des Stadtparks neben meinem Gymnasium gab es damals bereits einen Fußballplatz mit kleinen Toren. Aber der Boden war aus Stein, und wenn man hingefallen ist, hat man sich wehgetan.

Viele jüdische Burschen haben auf der Jesuitenwiese im Prater gespielt, weil dort der Boden weicher ist, ähnlich wie in einem Stadion, aber hügelig. Die Torstangen wurden mit zwei Pullovern improvisiert, und auch dort war ich oft mit von der Partie.

Auf der Wiese gab es keine Schiedsrichter, und bei jedem zweifelhaften Tor haben die, die es geschossen haben, gemeint, dass es eines war, und die, die es bekommen haben, dass es keines war, weil die Pullover ja keine genauen Grenzen markierten und der Interpretation damit breiter Spielraum eröffnet war. Aber diese Diskussionen waren Teil des Vergnügens.

Vor der Nazizeit hatte es natürlich jüdische Sportvereine und auch Fußballklubs in Wien gegeben, allen voran den berühmten, 1909 gegründeten Sportverein Hakoah. Aber als ich ein Bub war, gab es in Wien nicht genügend Juden, um einen eigenen Verein zu gründen. Es blieb für mich also beim Spiel auf der Wiese und bei der passiven Sportausübung als Zuschauer im Stadion. Am liebsten sehe ich bis heute die Topmannschaften: Bayern München, Real Madrid, FC Barcelona, Juventus Turin und so weiter. Weil ich keine Geduld habe, schaue ich mir meistens statt neunzig Minuten Spiel die Kurzzusammenfassungen an, wo man alle Tore und alle Fehlentscheidungen sieht.

Heute gibt es mit dem SC Maccabi Wien wieder einen jüdischen Fußballklub in Wien, und ich möchte gerne die Geschichte erzählen, wie es zu seiner Gründung kam, weil ich sie live miterlebt habe.

Im Jänner 1995 sollte Julian, der damals zwölfjährige Sohn einer Freundin von mir, seine Bar-Mizwa-Feier haben. Seine Mutter Kathi hatte sich schon länger mit der Frage befasst, wie man Julians Bar-Mizwa-Feier besonders schön und unterhaltsam gestalten könnte. Damals kam gerade die Mode auf, einen speziellen Gast, zum Beispiel einen Kabarettisten oder Sänger, zur Feier einzuladen. Als Kathi ihren Sohn fragte, wen er gerne als Stargast dabeihätte, antwortete er, er wünsche sich Franz Wohlfahrt.

Sie darauf: „Wer ist Franz Wohlfahrt?"

Julian klärte seine Mutter auf. Sie erzählte mir davon, und als Fußballfan wusste ich natürlich, dass es sich um den damaligen Tormann der Wiener Austria handelte, der zu den bekanntesten Fußballern Österreichs gehörte. Kathi setzte alle Hebel in Bewegung und fand heraus, wann Franz Wohlfahrt im Praterstadion beim Training anwesend war. Dann radelte sie ganz einfach hin, ging hinein, sagte: „Hallo, Herr Wohlfahrt", und fragte ihn, ob er sich vorstellen könne, zur Bar-Mizwa-Feier ihres Sohnes zu kommen.

Wohlfahrt antwortete, dass er schon öfters bei Auswärts-Matches in Israel gespielt habe, deshalb ein wenig über das Judentum Bescheid wisse und sich einen Besuch bei Julians Bar Mizwa gut vorstellen könne.

Kathi fragte ihn, wie viel er für die Teilnahme am Fest verlangen würde. Er antwortete zu ihrer Überraschung, dass er kein Geld dafür wolle, und drückte ihr stattdessen ein Video mit seinen Karriere-Highlights in die Hand. Das inspirierte Kathi, selbst einen Film mit der Videokamera zu drehen, in dem ihre Söhne sowie deren Freunde im Prater auf der Wiese Fußball spielten, genau wie ich es vierzig Jahre zuvor getan hatte, inklusive Interviews am Spielfeldrand. Sie unterlegte das noch mit Text und Musik, und am Schluss stellte sich die Kinder-Mannschaft auf, während im Hintergrund der Hit „We Are the Champions" eingespielt wurde.

Julians großer Tag näherte sich Ende Jänner, und am Schabbat des 22. Jänner am Vormittag las er das erste Mal in der Synagoge aus der Tora. Julian beherrschte seinen Abschnitt sehr gut, und meine Rede für seine Bar Mizwa war wie immer maßgeschneidert. Danach gab es einen großen Kiddusch im Gemeindezentrum: Der Rabbiner, in diesem Falle ich selbst, segnete den Wein, und danach wurde ein herrliches Buffet für alle Anwesenden eröffnet.

Am Sonntagabend fand dann noch ein Fest im SAS-Hotel am Ring statt. Roman Grinberg, der damals wirklich ein aufkommender Star der jüdischen Musikszene war, spielte am Keyboard seiner Big Band.

Es wurde getanzt, gelacht und gegessen. Julian hielt eine wunderbare Rede und bedankte sich bei seiner Familie und seinen Freunden. Danach betrat ich die Bühne, hielt eine humorvolle Rede und sang dann von der Band begleitet ein chassidisches Lied. Außerdem interpretierte ich zur Melodie des bekannten italienischen Schlagers „Volare" einen von mir in der letzten halben

Stunde vor Beginn der Feier für diesen Anlass neu verfassten Text.

Danach wurde das Video, das Kathi von den Burschen aufgenommen hatte, gezeigt. Julians älterer Bruder Niki hatte auch alle seine Fußballfreunde eingeladen. Viele von ihnen erkannten sich selber auf der Leinwand beim Fußballspielen auf der Jesuitenwiese. Dort hatten sie genau wie ich in meiner Kindheit mit improvisierten Toren gespielt.

Schließlich wurde das Video mit den Highlights der Karriere von Franz Wohlfahrt gezeigt, und die Burschen waren schwer begeistert. Plötzlich kündigte Roman an: „Und nun, von der Leinwand direkt auf unsere Showbühne: Franz Wohlfahrt!"

Wohlfahrt betrat die Bühne, und gleich danach kam Julian. Der Tormann übergab ihm die mitgebrachten Geschenke, einen Fußball, signiert von der gesamten Austria-Mannschaft, sowie ein Trikot, das er bei einem wichtigen Spiel getragen hatte (hoffentlich war es gewaschen).

Julian betätigte sich als Reporter und interviewte Franz Wohlfahrt. Nach einigen Fragen stellte dieser eine Gegenfrage: „Spielst du bei einem Verein?" Julian musste leider verneinen und erzählte, dass er nur auf der Wiese mit seinen Freunden spielen konnte.

Die Jungen lotsten danach Franz Wohlfahrt hinunter aufs Parkett und tanzten mit ihm im Kreis Hora, einen jüdischen Tanz. Es herrschte eine ausgelassene Stimmung, und Julians Mutter Kathi war glücklich.

Bei diesem Fest war auch Oskar Deutsch, ein großer Austria-Fan, eingeladen. Er saß damals schon im Vorstand der Israelitischen Kultusgemeinde. Nach dem Hora-Tanzen sprachen Ossi Deutsch und Franz Wohlfahrt miteinander. Bei diesem Gespräch kam Ossi die glorreiche Idee, einen Fußballklub für die jüdischen Kinder zu gründen.

Ein paar Monate später war es dann so weit, und die jüdischen Burschen hatten endlich auch ihren eigenen Fußballklub, der bis heute sehr aktiv ist und über Mannschaften von sechs bis 16 Jahren sowie ein Erwachsenenteam verfügt. Ossi Deutsch wurde der erste Präsident des Klubs, noch lange bevor er an die Spitze der IKG kam. Der Name Maccabi, den der Verein erhielt, stammt von den Makkabäern, jüdischen jungen Männern, die sich vor über 2.000 Jahren gegen die Griechen, die Israel erobert hatten, erhoben. Wenn irgendwo auf der Welt ein jüdischer Sportverein gegründet wurde, dann benannte man den immer gerne nach diesen Makkabäern, so auch in Wien.

Sie sind auch Namensgeber der Makkabiade, eines Sportwettkampfs, der den Olympischen Spielen ähnlich ist und alle vier Jahre in Israel stattfindet. Und es gibt alle vier Jahre auch die Europäische Makkabiade, die im Jahr 2011 zum ersten Mal nach Wien kam. Auch hier hatte Oskar Deutsch den damaligen Wiener Bürgermeister Michael Häupl dafür gewinnen können, eine solche Veranstaltung finanziell zu unterstützen. Ich wurde dann gefragt, ob ich beim Eröffnungslauf die Fackel mit der Makkabiflamme auch einen Kilometer tragen wolle. Unter der Bedingung, dass ich nur hundert Meter weit laufen muss, habe ich natürlich sofort zugesagt.

Beim Eröffnungslauf der Makkabiade in Wien, 2011

Den SC Maccabi Wien gibt es noch heute, fast dreißig Jahre später. Er hat zwar keinen eigenen Fußballplatz, spielt aber in einer Wiener Unterliga. Das liegt daran, dass man Maccabi seine besten Fußballspieler regelmäßig wegengagiert – zum Beispiel zur Wiener Austria! Vielleicht ist das der heimliche Grund gewesen, warum Franz Wohlfahrt damals ohne Honorar bei Julians Bar Mizwa aufgetreten ist …

An diese schöne Geschichte erinnerte ich mich zuletzt im Jahr 2020, als es sehr schwierig war, größere Versammlungen zu machen, ohne dass die Gefahr der Covid-Ansteckung zu groß wurde. Das gilt auch für Feiertagsgebete, wo mehr Leute in die Synagoge gehen als sonst, und sie daher zu nahe nebeneinander sitzen.

Ein guter Freund von mir, der in der Nähe des Praters wohnt, machte den Vorschlag, dass wir doch vielleicht im Freien beten sollten. Kaum hatte ich diese Idee vernommen und für gut befunden, übernahm ich auch gleich das

Kommando. Also habe ich Kontakt mit einem Kaffeehaus namens „Meierei" auf der Prater Hauptallee aufgenommen, und in Kürze wurden uns von dort zwanzig Sessel und einige Tische zur Verfügung gestellt. Und so haben wir zu Jom Kippur, Ende September 2020, auf ebender Jesuitenwiese im Freien gebetet, wo ich als Kind Fußball gespielt habe. Der liebe Gott hat uns dazu noch schönes Wetter beschert.

Ein Einwand von einem Freund, der dort nicht mitbeten wollte, lautete übrigens: „Auf der Hauptallee spazieren oder joggen am Wochenende Tausende Wiener. Ihr werdet sicher antisemitisch angepöbelt werden."

Das war nicht der Fall: Nicht ein Einziger hat uns beschimpft.

WENN DER REBBE HERUMFÄHRT

IN DER BIBLIOTHEK MEINES VATERS fand ich ein interessantes Buch aus dem Jahre 1933. Dort gibt es eine detaillierte Aufstellung der jüdischen Gemeinden in Österreich. Eine jüdische Gemeinde könnte man generell so definieren, dass dort Juden leben, die auch über eine Synagoge und einen Friedhof verfügen. Wenn ich diese Liste durchlese, stelle ich fest, dass die Hälfte dieser Orte heute nur noch einen Friedhof hat. In manchen anderen gibt es Reste einer Synagoge und einen Friedhof. Aber außerhalb Wiens existieren nur in Baden, Linz, Salzburg, Graz und Innsbruck noch immer sowohl eine jüdische Bevölkerung als auch Synagogen und Friedhöfe, wobei ein Teil dieser Synagogen nach dem Krieg wiederaufgebaut wurde.

Ich war früher der Oberrabbiner von Wien und heute bin ich der Oberrabbiner Österreichs.

Das stimmt aber genau genommen nicht ganz. Schon immer war zwar der Präsident der Wiener Kultusge-

Mit Angehörigen des Bundesheeres bei Arbeiten
zur Wiederherstellung und Erhaltung des jüdischen Friedhofs
am Wiener Zentralfriedhof, 1992

meinde gleichzeitig der Präsident der Israelitischen Kultusgemeinden Österreichs. Aber einen Oberrabbiner von Österreich gab es früher nie.

Warum nicht? Das hatte einen guten Grund. In Österreich waren zum Beispiel alle Gemeinden im Burgenland streng orthodox. Andere Gemeinden, beispielsweise in Tirol und Vorarlberg, waren außerordentlich liberal. Diese so verschiedenen Gemeinden hätten sich nie auf einen Oberrabbiner geeinigt. Denn wenn er den Mattersburger Juden genehm gewesen wäre, dann hätten ihn die Hohenemser Juden nie als Oberrabbiner akzeptiert.

In Wien wählte die Kultusgemeinde einen Oberrabbiner, dem es auch immer schwerfiel, sowohl dem strikt orthodoxen als auch dem liberalen Teil der Gemeinde zu gefallen. Man einigte sich dann immer auf einen Mann der Mitte – so wie ich einer bin. Ich habe immer gesagt: Wenn die streng Orthodoxen meinen, ich sei nicht orthodox genug, und die Liberalen, ich sei *zu* orthodox, dann weiß ich, dass ich auf dem „richtigen" Weg bin. Da ich den Schabbat halte und koscher esse, bin ich orthodox. Wenn ich aber zum Beispiel ins Theater gehe, sagt man: Der Eisenberg ist modern orthodox.

Nach der Waldheimkrise beschlossen die jüdischen Gemeinden Österreichs, dass es auch gut wäre, einen Oberrabbiner zu haben, der nicht nur für die Juden Wiens spricht (wenn er sich traut), sondern für alle Juden Österreichs. So wurde ich als Oberrabbiner vom Bund der jüdischen Gemeinden gewählt. Aktuell lautet mein Titel ganz genau: Oberrabbiner des Bundesverbandes der Israelitischen Kultusgemeinden Österreichs.

Chanukka am Desider-Friedmann-Platz im 1. Wiener Bezirk, 1996

Meine Ernennung wurde im Jahre 1988 in der Salzburger Synagoge gefeiert. Bis heute zünde ich immer zum Chanukka-Fest im Dezember in Salzburg die Kerzen an. Früher fanden allerdings neunzig Prozent meiner Aktivitäten in Wien statt, und die restlichen zehn Prozent verteilten sich auf Baden, Graz, Linz, Salzburg und Innsbruck. Jetzt hat Wien einen neuen jungen Oberrabbiner, Jaron Engelmayer, und ich konzentriere mich auf die Gemeinden außerhalb Wiens, wohne aber noch in der Hauptstadt. Ich war unter anderem bei den Neueinweihungen der zerstörten Synagogen in Graz, Baden und Innsbruck und leitete Gottesdienste und Veranstaltungen. Oft nahmen auch nichtjüdische Österreicher daran teil.

Hofrat Marko Feingold, der Präsident der Salzburger Gemeinde, war ein sehr bekannter Mann, der erst 2019 106-jährig gestorben ist. Ich habe damals sein Begräbnis am Salzburger jüdischen Friedhof geleitet. Er hat Auschwitz überlebt, ist jedes Jahr zum „March of the Living" wieder dorthin gefahren und hat vor allem nichtjüdischen Schülern stundenlang als Zeitzeuge berichtet. Leider leben heute kaum mehr Zeitzeugen der Schoa. Ich habe vor, demnächst als Second-Generation-Zeitzeuge in Wiener Schulen zu gehen, um dort davon zu erzählen, was damals geschehen ist, und so zumindest ein wenig die Lücke zu füllen, die die Zeugen der ersten Generation hinterlassen haben. Bei der jährlichen Gedenkfeier zur Befreiung des Konzentrationslagers Mauthausen beim jüdischen Denkmal habe ich immer ein paar Worte gesprochen, natürlich hat dort auch der Präsident der jüdischen Gemeinden Österreichs gesprochen. Für einen Oberrabbiner gehört es nicht nur zu seinen Pflichten, regelmäßig alle jüdischen Gemeinden zu besuchen, sondern er muss auch dorthin gehen, wo einst ein Lager

Eröffnung des „Mahnmal Aspangbahnhof"
im Leon-Zelman-Park in Wien

stand und jetzt ein Friedhof ist. Dennoch möchte ich statt vom Tod jetzt noch ein bisschen vom Leben in den Gemeinden außerhalb Wiens erzählen.

IN LINZ WAR INGENIEUR GEORGE WOZASEK dreißig Jahre lang Präsident. Er hatte das Glück, die Schoa in Amerika zu überleben, kam aber zurück nach Österreich und leitete die Linzer Gemeinde mit Hingabe. In seine Zeit fällt eine sehr interessante Vortragsreihe, die ungefähr so aussah: Der Rabbiner Chaim Eisenberg und ein christlicher Theologe aus Linz hielten zum gleichen Thema kurze Vorträge, danach gab es eine Fragestunde und eine lebhafte Diskussion. Mehr als 25 Jahre lang war ich der jüdische Part, auf der anderen Seite saß immer jemand anderer, zum Beispiel der Bischof von Linz.

In der Synagoge waren bei diesen Veranstaltungen meist ungefähr 110 Menschen anwesend: hundert Christen und zehn Juden. Wir Juden waren relativ stark vertreten. Denn wenn man davon ausgeht, dass in Linz circa 200.000 Christen und nur fünfzig Juden leben, dann waren wir in überproportionaler Zahl erschienen.

Präsident Wozasek hat mich jedes Mal eingeladen, als Erster zu sprechen, und ich habe immer höflich abgelehnt und ersucht, dass der christliche Vertreter zuerst spricht.

Warum? Weil die Professoren und Bischöfe immer sehr gut vorbereitet waren, ihren Vortrag meist sogar schriftlich mitgebracht haben. Ich war dagegen immer zu faul, mich ordentlich vorzubereiten. Ich habe natürlich trotzdem über jedes der besprochenen Themen ein bisschen etwas gewusst. Und indem ich meinen christlichen

Mit Charlotte Herman, Präsidentin der Israelitischen Kultusgemeinde Linz, beim Festakt zum 50-Jahr-Jubiläum der Wiedererrichtung der Linzer Synagoge, 2018

Partner zuerst vortragen ließ, hatte ich Zeit, mir während seines Vortrages ein paar kurze Notizen zu machen. Wenn er dann fertig war, habe ich, in aller Bescheidenheit, eine brillante Antwort geliefert, die genau auf sein Statement zugeschnitten war.

Ingenieur Wozasek ist vor ein paar Jahren verstorben. Die heutige Präsidentin der Linzer Gemeinde heißt Charlotte Herman, sie führt die Gemeinde seit etwa fünf Jahren und bemüht sich sehr um Kontinuität. Die Vortragsreihe gibt es leider trotzdem nicht mehr, aber ich besuche Linz einige Male im Jahr für einen ganzen Schabbat. Sie berät sich außerdem oft mit mir, auch wenn ich nicht vor Ort bin.

Im Unterschied zu den Gemeinden Graz, Linz, Salzburg und Innsbruck ist Baden eine Gemeinde, die nur circa 25 Kilometer von der großen Wiener jüdischen Gemeinde entfernt liegt. Da manche Wiener Juden oft ein

Wochenende in einem Badener Hotel verbrachten und einige von ihnen dort sogar kleine Wochenendhäuser hatten und haben, gab es regelmäßig am Schabbat Gottesdienste, wenn es auch nur wenige Badener Juden gab.

Diese Gottesdienste wurden bis vor 15 Jahren in einem Gemeindehaus der Kultusgemeinde Baden, das in der Schoa nicht zerstört wurde, abgehalten. Daneben gab es nur noch Mauerreste der alten Synagoge, die im Krieg zerstört worden war. Sie wurde dann auf Drängen des damaligen Präsidenten der Gemeinde, Elie Rosen, der später Präsident der Gemeinde Graz wurde, wiedererrichtet.

In Graz war Konsul Kurt Brühl viele Jahre Präsident der jüdischen Gemeinde. Der gebürtige Grazer überlebte die Schoa in England und kehrte gleich nach dem Krieg wieder nach Graz zurück. Er war dort Honorarkonsul von Großbritannien. Gleichzeitig führte er sehr erfolgreiche Textilkaufhäuser, erst das Kaufhaus Brühl in Graz, später auch das vornehme Modehaus „House of Gentlemen" in Wien. Kurt Brühl wurde für seine Verdienste von der Stadt Graz, vom Bundesland Steiermark und von der Republik Österreich mit den höchsten Orden geehrt.

So wie in Baden wurden auch in Graz lange Zeit die Gottesdienste in einem Gemeindehaus abgehalten. Die eigentliche Synagoge war von den Nazis in der „Kristallnacht" zerstört worden, und die Ziegel lagen noch Jahrzehnte später auf dem Platz der Zerstörung. Im Jahre 1998 wurde dann eine neue Synagoge gebaut und eingeweiht.

Der Ziegelhaufen sollte zunächst entfernt werden. Dann aber hatte Präsident Brühl die einmalige Idee, die

Enthüllung einer Gedenktafel mit den Namen der Schoa-Opfer in der Synagoge in Graz, mit Landeshauptmann Franz Voves, Staatssekretär Franz Morak und Bundespräsident Heinz Fischer, 2005

Ziegel reinigen zu lassen – nicht aus Sparsamkeit, sondern als Symbol –, und der untere Teil der neuen Synagoge besteht nun aus diesen Ziegeln, die im Rahmen eines Schulprojekts von Grazer Schülern gereinigt wurden. Man sieht darin einen Riss, der symbolisch darstellt, dass die neue Synagoge auf den Resten der alten wiederaufgebaut wurde.

Nach Brühl übernahm Elie Rosen, nachdem er nach Graz übersiedelt war, den Gemeindevorsitz und führt ihn seither sehr ambitioniert. Man findet oft in jüdischen Medien Berichte über seine Aktivitäten. Im August 2020 gab es einen „Terrorangriff" gegen die Grazer Synagoge und auch gegen Elie Rosen persönlich. Zum Glück kam niemand zu Schaden.

Der Täter ging in drei Schritten vor. Zuerst beschmierte er die Außenmauern der Synagoge, am nächsten Tag zerstörte er durch einen gezielten Steinwurf ein Fenster. Schließlich attackierte er ein paar Tage später mit einem Holzprügel Elie Rosen, der gerade aus der Synagoge kam. Eine stufenweise Eskalation. Der Präsident konnte in sein Auto flüchten und wurde nicht verletzt. Auffällig ist für mich die Eskalation bei der Schwere der Vergehen. Der Täter war ein Flüchtling aus Syrien, der schon einige Jahre in Österreich lebte.

ANFANG SEPTEMBER 2020 fuhr ich nach langer, coronabedingter Abstinenz zu einer Buchbesprechung nach Linz. Da ich endlich einige Bücher verkaufen wollte, hatte ich einen kleinen Koffer mit, der mit meinen tollen Werken gefüllt war. Als ich in Linz ankam, merkte ich, dass ich diesen schweren Koffer nicht allein aus der Gepäckablage herunterheben würde können. Ich suchte nach einem „Opfer", das mir dabei helfen sollte. In meinem Abteil sah ich einen jungen Mann, der sich gerade daranmachte, in Linz auszusteigen. Ich fragte ihn, ob er bereit wäre, mir zu helfen und den Koffer vielleicht sogar aus dem Zug hinauszubefördern. Als ich ihn näher betrachtete, sah ich, dass er ein schwarzes T-Shirt mit weißen arabischen Buchstaben trug. Der junge Mann war sehr hilfsbereit, trug mir den Koffer nach draußen, und ich fragte ihn am Bahnsteig, woher er komme. „Aus Syrien", sagte er in gutem Deutsch.

Nun hätte es sicher einige Menschen gegeben, die allein aufgrund der zeitlichen Nähe zu dem Vorfall in Graz ein mulmiges Gefühl bekommen und die Interaktion mit dem jungen Mann möglichst rasch beendet hätten. Sicher hätte aber niemand anderer getan, was ich tat. Auf meine unverwechselbare Eisenberg-Art öffnete ich meinen Koffer und sagte: „Ich bin der Oberrabbiner von Österreich, und weil Sie mir geholfen haben, schenke ich Ihnen mein neues Buch."

Der junge Mann nahm es sehr erfreut entgegen und kündigte an, dass er mir den Koffer jetzt noch bis zum Taxi tragen würde. So geschah es, und dabei überlegte ich mir, dass ich diesen Kontakt weiter pflegen sollte. Also bedankte ich mich nochmals und gab meinem Helfer kurzerhand meine Handynummer. Ich gebe zu, ich tat das auch ein bisschen aus Neugierde: War seine Hilfe für einen Rabbiner nur ein einmaliger „Irrtum", oder steckte mehr dahinter?

Schon am nächsten Tag in der Früh bekam ich eine SMS von ihm: „Ich habe schon Ihr halbes Buch gelesen und finde es total interessant."

Jetzt hatte ich auch seine Handynummer. Für einen gläubigen Juden gibt es keinen Zufall. Es ergab sich, dass ich am nächsten Freitag für den Schabbat als Oberrabbiner wieder nach Linz fuhr. Da dachte ich mir, den jungen Mann muss ich noch einmal treffen.

Wir verabredeten uns also, er kam mich im Hotel besuchen, und wir hatten ein längeres, sehr interessantes und angeregtes Gespräch, in dem ich ihn als weltoffenen und sympathischen Menschen kennenlernte. Bis zum Schluss sparte ich mir die Frage auf, die mich in meiner Neugier schon die ganze Zeit beschäftigt hatte: „Was bedeutet dieser arabische Text auf dem T-Shirt, das du damals im Zug getragen hast?"

Er lachte, weil ich mich nach ein paar Tagen noch an sein T-Shirt erinnerte, und erklärte mir, dass dieses Shirt ein Freund von ihm bedruckt und ihm geschenkt hatte. Die beiden hatten gemeinsam ein Start-up-Unternehmen gegründet, und auf dem T-Shirt stand einfach das arabische Wort für Start-up. Wir machten dann noch ein gemeinsames Foto vor dem Hotel, das ich jedem zeigen kann, der diese Geschichte für erfunden hält. Und wir beschlossen, unseren Kontakt weiter aufrechtzuerhalten.

Die Lehre aus dieser Geschichte ist, dass man Menschen nicht über einen Kamm scheren darf. Das ist beim Antisemitismus so, der den Juden Eigenschaften andichten will, die in jedem Volk einzelne Menschen haben können, aber niemals ein ganzes Volk. Wenn Dinge wie der Überfall in Graz passieren, dann müssen wir alle aufpassen, dass sich in unserem Kopf nicht Vorurteile, zum Beispiel über alle jungen Männer aus Syrien, festsetzen. Und dass wir nicht etwa eine Sprache wie Arabisch auf einmal für „gefährlich" halten, nur weil sie in den vergangenen Jahrzehnten hauptsächlich mit extremistischen Slogans in den Medien aufgetaucht ist.

Ich will damit nicht herunterspielen, dass es in den arabischen Ländern einen höchst problematischen Antisemitismus gibt, der zum Teil mit Menschen, die von dort nach Europa zuwandern, hierher mitgenommen wird – als ob wir keinen hausgemachten hätten. Dieses Problem gibt es, und wir müssen sehr wachsam sein. Wenn man aber verallgemeinert, dann wirft man harmlose Moslems, wie meinen neuen syrischen Freund, mit islamistischen Terroristen in einen Topf.

In vielen Trauerreden nach dem fürchterlichen Terroranschlag im November 2020 in Wien sprachen mir Politiker und Religionsführer ganz aus der Seele. Sie halten die Hoffnung aufrecht, dass wir Menschen am Ende doch Brüder und Schwestern sein können, und dafür sollten wir uns alle gemeinsam engagieren. Auch ich wurde von einigen Medien gebeten, ein Statement abzugeben, aber ich sagte nur: „Mir fehlen die Worte!"

NUN KOMMEN WIR zu einer ganz im Westen gelegenen Kultusgemeinde, jener in Innsbruck: Sie ist offiziell die Kultusgemeinde von Tirol und Vorarlberg. Aber in Innsbruck gibt es circa sechzig Juden, und im Rest von Tirol und Vorarlberg vielleicht 15. Und wenn die einmal in die Synagoge gehen wollen, gehen sie natürlich in die Synagoge von Innsbruck.

In der Reichspogromnacht am 9. November 1938 wurde die damalige Synagoge von Innsbruck vollkommen zerstört. Der Platz, an dem sie stand, wurde lange Zeit nicht mehr bebaut. Ich glaube, er wurde eingeebnet und war später ein Parkplatz. Als die Ärztin Esther Fritsch Präsidentin der Israelitischen Kultusgemeinde Innsbruck war – ein Amt, das sie dreißig Jahre lang hervorragend ausfüllte –, hatte sie gute Verbindungen zu den Politikern, dem Bürgermeister, dem Landeshauptmann, aber auch zum Innsbrucker Bischof Reinhold Stecher. So initiierte sie, dass auf diesem Parkplatz ein Gedenkstein aufgestellt wurde, auf dem zu lesen war: „Hier stand die Synagoge von Innsbruck, welche im Jahr 1938 zerstört wurde."

Zu jener Zeit hatte die Israelitische Kultusgemeinde Innsbruck eine Wohnung gemietet und dort die Gottesdienste abgehalten. Die Wohnung war als kleines Gebetshaus eingerichtet. Eines Tages aber erfuhr die Kultusgemeinde, dass die Gemeinde Innsbruck plante, auf dem Parkplatz, der noch immer der Kultusgemeinde gehörte, ein Wohnhaus zu bauen. Die kluge Esther Fritsch erkannte die Gunst des Augenblicks und sagte: „Hier stand früher unsere Synagoge. Wir sind einverstanden, dass an diesem Ort ein Haus gebaut wird – aber nur, wenn das Erdgeschoss eine neue Synagoge wird."

Diese Vereinbarung kam tatsächlich zustande, und so war ich in dieser Zeit zumindest dreimal in Innsbruck: einmal zur Einweihung des Gedenksteins, das zweite Mal bei der Grundsteinlegung der Synagoge (wobei ich sogar eine Maurerkelle schwang), das dritte Mal bei der Einweihung der Synagoge. Ich war beeindruckt, dass der Tiroler Bischof Reinhold Stecher jedes Mal dabei war und auch das Gespräch mit mir suchte. So wurden wir gute Freunde. Wir waren später sogar einmal gemeinsam in Jerusalem, wo wir den Oberrabbiner von Israel besuchten und Bischof Stecher persönlich einen Baum im Jerusalem-Wald pflanzte.

Dieser katholische Würdenträger, der leider schon verstorben ist, engagierte sich nicht nur gegen Antisemitismus, er war sehr projüdisch eingestellt. Sein größtes Verdienst in dieser Hinsicht war, dass er eine Initiative startete, einen jahrhundertealten judenfeindlichen Brauch in einer Tiroler Gemeinde abzuschaffen, und das gegen den heftigen Widerstand von Teilen der dortigen Bevölkerung.

Dazu das Folgende: Wenn manche Christen dem Märchen Glauben schenken, dass Juden Kinder ermorden, weil sie das Blut für das Mazzen-Backen brauchen, ist das an sich schon verrückt. Erstens essen Juden nicht einmal das Blut koscherer Tiere. Zweitens sollte jeder wissen, dass Mazzen nur mit Mehl und Wasser gemacht werden. Vielleicht ist es aber so: Wenn man glaubt, dass die Juden vor 2.000 Jahren das Blut von Jesus zu Pessach, dem Fest der Mazzen, vergossen haben, dann mag es schlüssig erscheinen, dass wir so etwas gerne noch heute machen. Wenn ihr schon einige Exemplare meines Buchs gekauft und trotzdem noch Budget für Literatur übrig habt, dann empfehle ich euch zu dieser Thematik auch den „Rabbi von Bacharach" von Heinrich Heine zu erwerben und zu lesen.

Im Nordtiroler Dorf Rinn jedenfalls ging die Mär, dass jüdische Händler im 15. Jahrhundert dort einen christlichen Buben namens Anderl rituell ermordet hätten. Die historische Forschung hat schon vor vielen Jahrzehnten nachgewiesen, dass die ganze Geschichte im 17. Jahrhundert zu Propaganda- und Werbezwecken erfunden wurde und keinerlei realen Hintergrund besitzt. Dennoch war das Dorf Rinn noch in der zweiten Hälfte des 20. Jahrhunderts genau wegen dieser Legende ein Pilgerort. Dorthin gab es jährlich eine Prozession zu den Anderl-Gedenkstätten in der Kirche von Rinn, bei der Devotionalien, auch kleine Anderl-Figuren verkauft wurden, um an dieser antisemitischen Geschichte Geld zu verdienen.

Obwohl er heftigen persönlichen Anfeindungen ausgesetzt war, hat Reinhold Stecher letzten Endes in den Neunzigerjahren durchgesetzt, dass dieser vorsintflutliche

Brauch ein Ende findet und auch von der katholischen Kirche inzwischen offiziell nicht mehr gutgeheißen wird. Nicht nur dafür bin ich ihm, auch im Namen der Tiroler Kultusgemeinde, zutiefst dankbar.

Wenn ich über meine Erlebnisse in Innsbruck schreibe, gibt es aber noch eine andere, bewegende Geschichte, die ich nicht aussparen kann und die eng mit Alt-Präsidentin Esther Fritsch und ihrem Mann verbunden ist, die beide Ärzte an der Innsbrucker Universitätsklinik waren.

IN DER WIENER GEMEINDE gab es eine junge jüdische Frau, die plötzlich von einer schweren skleroseähnlichen Krankheit befallen wurde. Innerhalb weniger Monate war sie ans Bett gefesselt und konnte nicht einmal mehr einen Finger bewegen. Wir erfuhren durch Esther Fritsch, dass es in der Universitätsklinik Innsbruck die beste Therapie dafür in ganz Österreich gab. Die Familie der jungen Frau, die sehr fromm war und selbstverständlich nur koscher aß, zögerte aber, sie nach Innsbruck zu schicken, weil es wegen der geringen Größe der jüdischen Gemeinde kaum koschere Lebensmittel gab. Der Ehemann der Erkrankten war Lehrer in einer jüdischen Schule in Wien und konnte deshalb auch nicht rund um die Uhr bei ihr sein.

Esther Fritsch tat in dieser Situation mehr als das Menschenmögliche, um zu helfen. Sie und ihr Mann organisierten ein eigenes Zimmer für die Kranke, obwohl sie unheilbar war, und besuchten sie täglich. Auf die Frage einiger Wiener Jüdinnen, ob sie etwas tun könnten, um zu helfen, sagte Esther zu ihnen: „Wenig. Aber wenn ihr mit ihr redet, mit ihr betet oder ihr die Hand oder Wange streichelt, dann spürt sie, dass jemand da ist, und das ist ganz wichtig für sie."

Daraufhin beschlossen circa zwanzig Frauen aus unserer jüdischen Gemeinde, sich so zu organisieren, dass an jedem Tag zwei Frauen mit dem Zug um circa acht Uhr von Wien nach Innsbruck fuhren, ab circa 13 Uhr zwei Stunden mit der Kranken in der Uniklinik verbrachten und dann direkt wieder zurückfuhren, weil sie ja Kinder und Ehemänner in Wien hatten.

Eine dieser Frauen war meine Rebbezen. Manchmal fragte ein Schaffner, der die Damen in der Früh im Zug nach Innsbruck gesehen hatte, dann dort Mittagspause machte und bei der Rückfahrt dieselben Frauen wieder antraf: „Was machen Sie zwei Stunden lang in Innsbruck!?"

JUDEN MACHEN MANCHMAL aber auch aus Neugierde eine Reise, als Rabbiner darf ich das schreiben, ohne als Antisemit zu gelten. So hatte ein Jude einmal auf einer Reise einen zweistündigen Aufenthalt in Itschepitschkef (diesen Namen hat mein Vater erfunden). Er wollte den Präsidenten dieses Schtetls kennenlernen. Am Bahnhof fragte er einen ortsansässigen Juden: „Wo wohnt der Präsident der Kehille der jüdischen Gemeinde?"

Der Jude antwortete: „Der Präsident, dieser Halsabschneider, wohnt neben dem Hauptplatz in der Judengasse."

Beim Hauptplatz angekommen, sah unser Mann wieder einen Juden und fragte ihn, wo der Präsident wohne.

„Der Präsident, dieser Taugenichts, wohnt im nächsten Haus."

Im Haus traf er einen Dritten und fragte: „In welchem Stock wohnt der Präsident?"

Die Antwort lautete: „Der Präsident, der Schurke, wohnt im dritten Stock."

Der Besucher ging also in den dritten Stock hinauf, läutete an und wurde eingelassen. Der Präsident der Gemeinde empfing ihn freundlich und erzählte ihm von seinen großen Leistungen für die Gemeinde.

Irgendwann fragte der Jude etwas unvermittelt: „Was verdienen Sie eigentlich, Herr Präsident?"

Da antwortete dieser: „Selbstverständlich gar nichts. Mir genügt die Tatsache, dass mich alle ehren."

Damit ist diese weise Geschichte aber noch nicht zu Ende. Der Besucher wollte in seiner Neugier auch noch etwas über den Rabbiner von Itschepitschkef erfahren.

„Der Rabbiner? Der ist ganz nett, aber schon ein wenig senil", meinte der Präsident mit einer wegwerfenden Handbewegung.

„So, senil? Wie äußerst sich das denn?", fragte der Neugierige.

„Jede Woche erzähl ich ihm den gleichen Witz, und er lacht jedes Mal schallend", meinte der Präsident.

„Ich würde gerne mit ihm sprechen", sagte der Mann, dessen Neugier offenbar immer noch nicht erschöpft war. Und der Präsident gab ihm die Adresse des Rabbiners und schickte ihn zu ihm.

Dort angekommen, fragte der Mann den Rabbiner als Erstes, was er vom Präsidenten halte. Und der sagte: „Der

Präsident ist sehr nett, aber ein wenig senil. Jede Woche erzählt er mir den gleichen Witz, und aus Höflichkeit lache ich immer noch darüber …"

Es geht aber auch noch ärger. Die folgende Geschichte gehörte zu den Lieblingsanekdoten meines Vaters, was schon bemerkenswert ist, wenn man bedenkt, wer in diesem Witz durch den Kakao gezogen wird:

Im Schtetl waren die Straßen und Plätze nicht asphaltiert, sondern aus Erde. Wenn es dann stark regnete, wurde daraus feuchter Matsch. Auf Jiddisch nannte man das ganz simpel „Dreck". Einmal sah der Rabbiner des Schtetls, wie die Kinder im Dreck spielten und mit ihm etwas bauten. Der Rebbe, der Kinder sehr mochte, ging zu ihnen und fragte: „Was macht ihr da?"

„Wir machen aus dem Dreck eine Synagoge", antworteten die Kinder.

„Brav, brav", sagte der Rebbe, „und wird es dort auch einen Rabbiner geben?"

Da antwortete ein besonders aufgewecktes Kind: „Wenn genug Dreck übrig bleibt …"

Mein Vater lachte jedes Mal schallend, wenn er diesen Witz erzählte. So eine Anekdote darf eigentlich nur ein Rabbiner erzählen. Und ich bin ja einer.

VON DEN ÖSTERREICHISCHEN jüdischen Gemeinden, die ich als Oberrabbiner regelmäßig besuche, habe ich nun schon genug erzählt. Natürlich hat ein Oberrabbiner aber auch die Aufgabe, sich ein wenig der „Außenwelt" zu öffnen, beziehungsweise dazu beizutragen, dass die „Welt" in dem Land, für das er zuständig ist, zu Gast sein kann.

Dreißig Jahre lang bin ich deshalb auf internationale Rabbinerkonferenzen gefahren, nach London, Paris, Brüssel, Athen, aber zum Beispiel auch nach Istanbul und selbstverständlich nach Jerusalem. Nicht immer waren die Sitzungen der Konferenzen für mich interessant. So ergab es sich, dass sich manchmal kleine Gruppen von Rabbinern bildeten, die keine Lust hatten, sich die weniger interessanten Vorträge in voller Länge anzuhören. Stattdessen besuchten wir in Istanbul zum Beispiel gemeinsam den Bazar, und ich erstand eine wunderschöne Ledertasche für die Frau Rabbiner. Dafür kann man schon einmal einen Vortrag „schwänzen", und überhaupt wäre es nicht richtig, extra in ein fremdes Land zu reisen und sich dann dort nichts außer Konferenzsäle anzusehen. In vielen Städten zeigte man allen Rabbinern die jüdischen Touristenattraktionen. Zum Beispiel in Venedig das jüdische Ghetto und die wunderbaren Synagogen.

Ein andermal aber plante ich selbst eine europäische Rabbinerkonferenz in Wien zu veranstalten. So etwas ist für jede Gemeinde eine große Sache und eine besondere Ehre, denn es kommen hochgeschätzte und hochgebildete Rabbiner aus aller Herren Länder zu Besuch, was sonst ja nicht so oft der Fall ist.

Wir hatten für die ungefähr 150 Teilnehmer ebenso viele Zimmer im Hotel Marriott am Ring reserviert. Dort sollten auch die kosheren Mahlzeiten eingenommen und die meisten Sitzungen abgehalten werden.

Bei der letzten Konferenz davor, im Herbst 1999, wurde natürlich das Programm für die Wiener Konferenz festgelegt. Es gab aber dort einen Einwand. Im Jahr 1999 gab es in Wien Wahlen zum Nationalrat, und die FPÖ unter Jörg Haider wurde zweitstärkste Partei. Die SPÖ verhandelte damals mit der ÖVP über eine Koalition. Aber daneben verhandelte die ÖVP im Geheimen auch mit der FPÖ. Anlässlich der Vorbereitungskonferenz fragten mich die Rabbiner, ob es möglich sei, dass die FPÖ in die Regierung kommt. Ich naiver Bursche sagte, das sei niemals möglich. Darauf sagten sie: „Okay, dann kommen wir! Du kannst die Zimmer reservieren!"

Dann geschah das Unerwartete: Die zweitstärkste Partei, die FPÖ, koalierte mit der drittstärksten Partei, der ÖVP, und damit Haider nicht Bundeskanzler wird, wurde Wolfgang Schüssel, der Parteivorsitzende der drittstärksten Partei, Bundeskanzler. Österreich fiel in der EU in Ungnade, und daher konnte die Rabbinerkonferenz nicht in Wien stattfinden.

Das schuf zwei massive Probleme, wovon eines überraschend schnell gelöst wurde: Bratislava sprang dankenswerterweise ein, und innerhalb weniger Tage gelang es uns, dort ein Hotel zu finden, das für die Abhaltung der Konferenz geeignet war. Damit war die Konferenz gerettet, auch wenn es natürlich sehr schade war, dass sie nicht wie geplant in Wien über die Bühne gehen konnte.

Das zweite Problem war „nur" ein großes finanzielles. Wir hatten die Zimmer und den Konferenzsaal im Hotel Marriott bereits ein Jahr im Voraus reserviert. Das Marriott hatte und hat strenge Stornobedingungen, insbesondere bei der Reservierung so vieler Zimmer. Hätten wir sechs Monate vor dem Termin abgesagt, wären nur

25 Prozent Stornogebühr zu bezahlen gewesen. Einen Monat vor dem Termin sah es weniger gut aus.

Das Hotel hatte zwar Verständnis für die Absage, erklärte uns aber, dass sie uns in dieser Situation trotzdem neunzig Prozent verrechnen müssen. Denn sie hatten ja nicht die geringste Chance, in so kurzer Frist auch nur einen Teil der frei werdenden Zimmer an andere Reisende anzubringen, vom gemieteten Saal ganz zu schweigen.

Den Rabbinern, die abgesagt hatten, konnten wir diese Kosten natürlich ebenfalls nicht umhängen, das hätte das Image Österreichs mit Sicherheit nicht verbessert. Wir waren wirklich schon ziemlich verzweifelt, als uns der Ewige Hilfe in Person des Wiener Bürgermeisters schickte. Ich hatte Helmut Zilk über unsere verfahrene Situation informiert, und ohne dass wir darum hätten betteln müssen, erklärte sich die Stadt Wien bereit, in dieser außergewöhnlichen politischen Situation die Kosten für die Absage zu übernehmen. Das hat uns damals wirklich gerettet, und ich bin dem leider schon verstorbenen Bürgermeister Zilk dafür bis heute ausgesprochen dankbar.

WENN DER REBBE HILFT

EIN RABBINER IST NICHT NUR IM BETHAUS TÄTIG, er muss auch seine Gemeinde bei freudigen, aber vor allem bei schweren Anlässen betreuen. Dazu gehören Krankenbesuche, Besuche bei Trauernden, die einen Todesfall in der Familie hatten, und eher selten, aber doch auch, Besuche im Gefängnis.

Während Katholiken, Protestanten und Moslems in der Wiener Hauptstrafanstalt einen eigenen Gefängnisgeistlichen haben, haben wir Juden, Gott sei Dank, wenige Häftlinge – vielleicht auch nur, weil es weniger Juden gibt. Die Besuche bei ihnen gehören zu den Aufgaben des Oberrabbiners. Er kann aber auch manchmal andere Rabbiner beauftragen, einen Häftling zu besuchen. In der Justizanstalt Josefstadt gibt es einen großen Raum, der als Kirche genutzt wird, einen weiteren, der als Moschee verwendet wird, und einen kleinen jüdischen Betraum. Da die jüdischen Häftlinge in verschiedenen Zellen untergebracht sind, findet der Besuch aller gemeinsam im Betraum statt. Dort sitzen wir um einen Tisch, beten und lernen zusammen. Wenn einzelne Gefangene mit mir allein reden wollen, um mir ihre persönlichen Sorgen und Wünsche mitzuteilen, nehmen wir uns zwei Sessel und setzen uns in eine Ecke des Raums.

Es ist übrigens interessant zu bemerken, dass Menschen, die vielleicht kurz davor ein Vergehen begangen haben, manchmal empfänglicher für religiöse Inhalte sind, weil sie in einer Krise sind, die da heißt: Gefängnis.

Als ich zum ersten Mal als Rabbiner in die Justizanstalt in der Josefstadt ging – zuvor hatte das mein Vater gemacht –, fragte ich jeden der Insassen: „Warum sitzt du?"

Und sie antworteten: „Sie sagen, ich habe geschmuggelt", „Sie sagen, ich habe gestohlen" und so weiter. Beim nächsten Besuch hatte ich schon etwas dazugelernt, denn ich fragte sie nicht mehr: „Warum sitzt du?", sondern ich fragte: „Was sagen sie, warum sie dich eingesperrt haben?" Ich habe das natürlich nur gefragt, um das Gespräch in Gang zu bringen, nicht weil ich so neugierig bin.

Einmal besuchte ich dort im Gefängnis in der Josefstadt einen circa 25-jährigen jungen Mann, der eine nicht sehr lange Haftstrafe zu verbüßen hatte. Ein paar Wochen danach wurde von unserer Gemeinde ein Abend veranstaltet, an dem für bedürftige Menschen gesammelt wurde. Dort erkannte ich in einer Gruppe junger Männer und Frauen zweifelsfrei den jungen Mann, den ich kurze Zeit zuvor im Gefängnis kennengelernt hatte. Spontan wollte ich ihn darauf ansprechen, dass wir einander schon getroffen hatten, aber gleichzeitig wollte ich vor den anderen jungen Leuten nicht ausplaudern, wo das war, um ihn nicht zu beschämen. Also sagte ich ganz unverfänglich zu ihm: „Ich glaube, wir haben einander schon getroffen."

Und er antwortete mir, laut und fast stolz: „Ja, natürlich, Herr Rabbiner, Sie haben mich doch im Gefängnis besucht!"

Da musste ich unwillkürlich daran denken, dass es bei uns das Bar-Mizwa-Fest mit 13 Jahren gibt, nach dem man gemeinhin als Erwachsener gilt. In manchen Kreisen, so wurde mir erklärt, gilt man erst als erwachsen, wenn man einmal im Gefängnis gesessen ist.

Die sozialen Pflichten eines Rabbiners beschränken sich aber nicht auf Gefängnisbesuche. Wenn zwei Juden miteinander einen finanziellen Konflikt haben, müssen sie nicht zum Richter gehen, sondern können solche Angelegenheiten auch bei einem Schiedsgericht, das oft ein Rabbiner führt, abhandeln.

Da das Büro des Rabbiners wie die gesamte Kultusgemeinde am Abend geschlossen war, fanden solche Verhandlungen, als ich ein Kind war, manchmal in der Wohnung meines Vaters statt. Und weil mein Zimmer unmittelbar neben seinem Arbeitszimmer lag, habe ich mitunter, ohne lauschen zu wollen, einige laute Worte aus diesen Verhandlungen mitgehört. Einmal vernahm ich, wie einer der beiden Streitenden zum anderen sagte: „Du hast mich bestohlen!" Und kurz darauf antwortete der Angesprochene: „Nein, du hast mich bestohlen!"

Am nächsten Tag fragte ich meinen Vater, wer von beiden die Wahrheit gesagt hatte, worauf er antwortete: „Natürlich beide."

Ich erzähle das, weil es erstens amüsant und zweitens wirklich passiert ist, und nicht, weil ich etwa ein Antisemit wäre.

In Erfüllung meiner Aufgaben besuchte ich auch regelmäßig Altersheime. Die Kultusgemeinde verfügt über ein eigenes Elternheim, weswegen ich oft vorbeischaute, wenn es sich mit meinen übrigen Pflichten vereinbaren ließ. Manchmal veranstaltete ich dort sogar ein Konzert mit jüdischen Geschichten, was bei den älteren Herrschaften sehr gut ankam.

Natürlich wurde mir bei meinen Besuchen immer wieder klar, dass einige der älteren Menschen, die dort lebten, schon ein wenig senil waren. Während manche sich zum Beispiel noch erinnerten, dass ich der Rabbiner bin, war das anderen überhaupt nicht mehr klar. Einmal traf ich einen älteren Herrn, der mich sicher schon von klein auf aus der Gemeinde kannte, aber ich hatte das Gefühl, dass er mich nicht mehr zuordnen konnte. Ich fragte also vorsichtig: „Erinnern Sie sich daran, wer ich bin?"

Und wisst ihr, was er geantwortet hat? „Solche Probleme habe ich auch oft selbst, da gehen Sie einfach zum Portier und der sagt Ihnen dann schon, wer Sie sind!"

WENN MAN ALS RABBINER, wie in dieser Geschichte, nicht gleich erkannt wird, sollte man nicht beleidigt sein, sondern sich stattdessen an etwas erinnern, was mein Vater regelmäßig zu mir gesagt hat: „Ein Rabbiner ist auch nur ein Mensch. So wie andere Menschen geboren werden, aufwachsen, heiraten, arbeiten und schlussendlich sterben, tut das auch ein Rabbiner."

Man ist als Rabbiner also nicht grundsätzlich etwas Besonderes, und das gilt auch für die Frage des sozialen Engagements: Denn jede Jüdin und jeder Jude sollte Alte und Kranke besuchen, Trauernde trösten, et cetera. Beim Rabbiner ist das nur zusätzlich praktisch Teil seines Berufsprofils. Das heißt, ein wenig humoristisch gesagt: Ich bekomme für das bezahlt, was andere umsonst machen.

Und es müssen nicht immer alte Menschen sein, auch junge sind leider manchmal sehr krank. Den Eltern eines depressiven Mädchens aus unserer Gemeinde wurde gesagt, dass es für sie sehr hilfreich sei, wenn sie oft lachen würde. Als man ihnen das erklärt hatte, schickten sie viele

Verwandte zu ihr, die Grimassen schnitten, es wurden Sketche aufgeführt und überhaupt alles unternommen, um das Mädchen zu unterhalten. Aber es gelang nur selten, sie zum Lachen zu bringen.

Da beschloss ich, es auch zu versuchen. Ganz so schlecht bin ich in diesem Fach ja nicht, und außerdem hoffte ich, dass mich das Mädchen wiedererkennen würde, weil sie mich früher, vor ihrem Spitalsaufenthalt, immer sehr höflich gegrüßt hatte. Ich ging also ganz klassisch in meinem dunklen Mantel und mit schwarzem Hut zu ihr ins Zimmer. Ich hatte auch wirklich gleich das Gefühl, dass sie mich erkannte und sich freute, dass sie Besuch vom Oberrabbiner bekam. Dann aber zog ich meinen Mantel aus und – zu ihrer Überraschung – hatte darunter ein Clownskostüm an. Als ich mir auch noch eine rote Nase aufsetzte, begann sie wirklich zu lachen. So wurde der Rabbiner zum CliniClown.

Ähnlich geschieht es auch zum Purimfest, wo man sehr fröhlich sein soll, und zum Simchat-Tora-Fest (Tora-Freuden-Fest), bei dem man besonders ausgelassen sein darf. An diesen Feiertagen tanzen auch die würdigsten Rabbiner, die sonst nur gemessenen Schrittes durch die Synagoge gehen, wie junge Ziegenböcke. Und das geht wiederum auf ein historisches Ereignis zurück: Nach dem Bau des Tempels in Jerusalem brachte König David persönlich die Bundeslade in den Tempel. Da tanzte der König ausgelassen, so steht es im Buch der Könige, mit lauten Gesängen.

In jedem Fall war und ist es für mich in meinem Leben als Rabbiner ein glücklicher Tag, wenn jemand zu mir

Unterzeichnung eines Ehevertrags im Wiener Stadttempel

kommt, mich um Hilfe bittet und ich ihm helfen kann. Ein trauriger Tag ist es dagegen, wenn ein Mann oder eine Frau mich um Hilfe bittet, und ich kann den Wunsch nicht erfüllen. Eigentlich erwarten alle gläubigen Juden, dass der Rabbiner alles kann. Und so sollte es auch sein, aber die Realität sieht manchmal anders aus.

Ganz einfach ist es, wenn ein Bedürftiger nur Geld braucht. Dann soll der Rabbiner ihm zunächst selbst etwas geben. Das wird wahrscheinlich nicht genug sein. Aber er kennt wohlhabende Menschen, die er für diesen Bedürftigen anschnorren kann.

Das Peinliche an solchen Geschichten ist aber, dass manchmal derjenige, der um Geld gebeten wird, glaubt, dass der Rabbiner für sich selbst schnorrt. Dann gebe ich allerdings immer Namen und Anliegen der bedürftigen Person bekannt. Manchmal haben dann die Reichen die Chuzpe zu sagen: „Der ist ja gar nicht so arm!" Dann bin ich sprachlos.

In der Tora steht: „Wenn dein Bruder strauchelt, dann stütze ihn, damit er nicht fällt." Wie in allen Bibelversen liegt eine tiefe Weisheit darin. Wenn jemand stolpert, kann man ihn leichter auffangen, als wenn er schon am Boden liegt. Gemeint ist hier aber auch das Finanzielle: Straucheln bedeutet Verarmen, Stützen heißt Unterstützen. Wer knapp vor dem Konkurs steht, dem kann man leichter helfen, als wenn er schon in Konkurs gegangen ist.

Auch Künstler können manchmal rabbinische Hilfe benötigen, denn ihre Kunst kann mitunter recht brotlos sein. Vor einigen Monaten war ich etwa bei einer Vernissage eines jüdischen Zuwanderers aus Sarajevo, der sehr schöne Gemälde und Szenen malt, darunter auch ein wunderbares Bild mit drei Chassidim. Ich war nicht überrascht, als ich sah, dass er leider nicht sehr viele Bilder verkauft hatte. Dann wurde ich ersucht, ein paar Worte zu sprechen. So etwas kann dem Rabbiner immer wieder passieren, und es ist immer gut, wenn er eine Geschichte im Talon hat – diesmal aber hatte ich keine.

Ich kaufte das Bild mit den drei Chassidim und plante, es meinem ältesten Enkelsohn zu schenken, zu dessen Hochzeit ich ein paar Tage später nach Jerusalem fuhr. Die anderen Anwesenden sahen, wie ich dieses Bild kaufte, und ich sagte spontan: „Statt einer Rede werde ich ein altes, jüdisches Lied mit neuem Text singen." Also sang ich: *„Und wenn der Rebbe kauft, und wenn der Rebbe kauft, kaufen alle Chassidim, kaufen alle Chassidim …"*

Alle haben gelacht und verstanden, was ich gemeint habe. Ob sie später wirklich gekauft haben, weiß ich natürlich nicht.

Telefonnummern kennt der Rabbi viele, jene der Witwe von Niki Lauda gehört aber nicht dazu

KÜRZLICH KAMEN DREI FRAUEN mit verschiedenen Anliegen zu mir und baten um Hilfe. Eine Dame aus der Gemeinde rief mich an und fragte, ob ich ihr die Telefonnummer der Witwe von Niki Lauda geben könne. Ich fragte sie nicht, warum sie diese Nummer benötigte, sondern warum sie glaube, dass ich die Nummer habe! Und sie sagte: „Sie sind doch der Rabbi, der weiß alles." Ich habe ihr schonend beigebracht, dass ich zwar fast alles weiß. Die Telefonnummer von Niki Laudas Witwe gehört aber nicht dazu.

Die zweite Geschichte verlief so: Ich sah eine Nachbarin, eine fromme Jüdin (aber ich hätte auch bei einer Nichtjüdin gleich gehandelt) weinend vor dem Hauseingang sitzen und fragte, ob ich ihr helfen könne. Sie schluchzte, als sei jemand gestorben, und meinte, dass sie Handy und Schlüssel an ihrem Arbeitsplatz – einer zu dieser Uhrzeit bereits geschlossenen Apotheke – vergessen habe, weshalb sie weder in ihre Wohnung komme, noch jemanden anrufen und um Hilfe bitten könne. Ich habe die junge Frau in meine Wohnung eingeladen, ihr Kaffee und Butterbrot angeboten und mit ihr gemeinsam überlegt, wie ich ihr bis zum nächsten Tag in der Früh, wenn die Apotheke wieder öffnet, am besten helfen kann.

Zunächst hatte ich angedacht, sie am anderen Ende meiner Wohnung über Nacht zu beherbergen. Aber wir entschieden beide, dass das keine gute Idee wäre. Also bat ich meine Schwester um Hilfe: Bei ihr konnte meine Nachbarin die Nacht verbringen, und dieses Angebot hat sie von einem Häufchen Elend in eine glücklich strahlende Frau verwandelt.

Aller guten Dinge sind drei: Ein paar Tage später kam eine mir bis dahin unbekannte Dame zu mir und erzählte, sie sei geschieden. Ihr Mann hatte vom Gericht das Sorgerecht für ihre Tochter erhalten. Dabei war vereinbart worden, dass ihre Tochter sie an jedem Wochenende besuchen darf. Aber ihr Mann halte sich nicht daran. Da sagte ich: „Dann brauchen Sie eher einen guten Rechtsanwalt als einen Rabbiner." Sie antwortete: „Ich habe schon alles versucht, und es gelingt mir nicht. Daher habe ich keine andere Wahl, als meine Tochter nach Israel zu entführen."

Mir würde dabei der Part zukommen, ihr einen falschen Pass zu besorgen und so die Einreise nach Israel zu ermöglichen, erläuterte sie. Auf die Frage, warum sie glaube, dass ich das könne, sagte sie: „Ich traue Ihnen als Rabbiner zu, dass Sie alles bewerkstelligen können." Das klang mir in diesem Kontext auf einmal etwas antisemitisch, und ich sagte höflich, aber bestimmt: „Ich kann Ihnen leider nicht helfen, und jetzt dürfen Sie gehen!"

MANCHMAL BRAUCHT ABER auch der Oberrabbiner selbst Hilfe. Zum Glück habe ich dann gute Freunde, auf die ich mich verlassen kann. Oft sind es Taxifahrer, mit denen ich – wie mit den meisten Menschen – immer schnell ins Gespräch komme.

Der eine heißt Mustafa und ist Türke, der andere heißt Faramac und ist Iraner. Beide haben mir viel geholfen. Mustafa zum Beispiel ordnete hunderte Bücher in meiner neuen Bibliothek. Faramac hat auf meine Bitte hin bei meinen Freunden ein Aquarium installiert. Daraus entwickelten sich echte Freundschaften und ich bestelle vornehmlich die beiden für Taxi- und Botenfahrten. Wir haben immer eine gute Zeit miteinander. Faramac hat neben sich im Taxi immer einen Rucksack stehen, weil er nicht will, dass sich Fahrgäste neben ihn setzen. Ich habe ihm den jüdischen Namen Faramacka gegeben, als Koseform, so wie Chaimke von Chaim stammt. Und wenn

Mustafa kommt, singe ich zur Begrüßung immer ein Lied von Leo Leandros: *Mustafa, Mu-usta-afa …*

Manchmal bin ich allerdings streng zu den beiden, wenn wir in einem Stau landen. Dann „schimpfe" ich mit ihnen: „Ich könnte besser Taxi fahren als du!"

Ich fahre natürlich auch mit christlichen und jüdischen Taxifahrern und weiß genau, wen ich für welche Fahrt bestelle, denn: Ein Oberrabbiner braucht und kennt für jede Lebenslage den richtigen Helfer.

WENN DER REBBE AUSNAHMEN MACHT

VIELE JUDEN HABEN MICH GEFRAGT, ob Corona eine Strafe Gottes sei. Ich habe darauf geantwortet: Wir Juden glauben zwar daran, dass Gott uns manchmal belohnt oder bestraft. Aber niemand von uns weiß, wegen welcher Vergehen wir welche Strafe oder wegen welcher guten Tat wir welchen Lohn bekommen.

In letzter Zeit habe ich zwei sehr erfreuliche Dinge erlebt, die ich euch, liebe Leserinnen und Leser, zuerst erzählen möchte. Danach verrate ich euch auch meine Meinung, ob diese Dinge eine Belohnung des Ewigen waren.

Vor etwa zwei Jahren wurde ich eingeladen, bei einem Wohltätigkeitskonzert in Budapest mitzusingen. Die Einnahmen waren armen Juden in Osteuropa gewidmet. Nebenbei erwähnt: Ich habe nicht nur für arme Juden gesungen, sondern auch für arme Roma und andere Bedürftige.

In der Pause des Konzerts in Budapest kam eine ältere Dame auf mich zu und brachte mir ein A4-Blatt, auf dem der Stammbaum meiner Großmutter väterlicherseits aufgezeichnet war. Daraus ging hervor, dass wir Cousin und Cousine dritten Grades sind. Natürlich kannte ich große Teile dieses Stammbaums, aber es waren dort auch Menschen angeführt, die ich nicht kannte, sowie auch deren Geburtsjahre. Ich empfand das damals als „Lohn des Ewigen" dafür, dass ich nicht nur die beschwerliche Reise nach Budapest und zurück auf mich genommen, sondern dafür auch kein Honorar verlangt hatte.

Ein Lohn muss natürlich nicht unbedingt sofort nach der Mizwa, der guten Tat, gegeben und empfangen werden. Das ist nur meine Fantasie, dass dieser für mich wichtige Stammbaum, den ich von der ungarischen Cousine bekam, der Lohn für meinen wohltätigen Auftritt beim Konzert war.

Obwohl mir dieses A4-Blatt sehr wichtig war und ich es meiner Schwester zeigen wollte, war es kurz nach meiner Ankunft in Wien wie vom Erdboden verschluckt. Kurz habe ich danach gesucht, aber dann darauf vergessen. Wochen später kam ein Bedürftiger aus Israel zu mir nach Hause. Ich suchte in einer tiefen Lade meines Schreibtisches, wo ich immer israelische Schekel von meiner letzten Israel-Reise aufbewahre, nach einem Geldschein. Und siehe da: Da war der Stammbaum! Und wieder weiß ich nicht, ob ich ihn deshalb gefunden habe, weil ich ein großzügiger Mensch bin. Aber ein wenig glaube ich daran.

BEI DER NÄCHSTEN GESCHICHTE, die sich genau so zugetragen hat, wie ich sie hier erzähle, weiß ich aber absolut nicht, für welches Verdienst ich in den Genuss dieser Belohnung kam.

Am 5. Februar 2020 heiratete mein ältester Enkel Eli, der Sohn meiner Tochter Yael und meines Schwiegersohns Ari. Eli war noch nicht 21, seine nunmehrige Frau Mindy noch keine zwanzig. Es versteht sich von selbst, dass ich zur Hochzeit meines Enkels nach Jerusalem fuhr, noch dazu war es die erste Hochzeit eines Enkels und so mit der Chance verbunden, bald Urgroßvater zu werden. Ebenso versteht es sich von selbst, dass die beiden Schwestern von Yael, Tali und Ronit, die in Israel leben, mit ihren Ehemännern und allen Kindern dort waren.

Zusätzlich kamen aber auch meine beiden Söhne aus Toronto und Manchester sowie meine Tochter Ruchi aus New York. Auch diese drei kamen mit fast all ihren Kindern.

Sie werden sich und mich jetzt fragen: Was will uns der „weise" Rabbiner hier erzählen? Geduld, das kommt noch!

In religiösen jüdischen Familien ist es üblich, dass den Buben bis zu ihrem dritten Lebensjahr die Haare nicht geschnitten werden. Wie sie bis dahin wild sein dürfen, wachsen auch ihre Haare wild. Am dritten Geburtstag werden die Haare bei einem Fest geschnitten, dieses Fest heißt auf Hebräisch Chalaka. Jeder Gast, vor allem die Familienmitglieder, darf eine Locke abschneiden. Und danach repariert ein professioneller Friseur den Schaden, den die Gäste angerichtet haben. Aber es geht nicht nur um den Friseur, sondern der Bub wird an diesem Tag zum ersten Mal zum Tora-Lehrer gebracht, lernt die ersten Buchstaben des Aleph Beth, die oft mit Honig auf einen Kuchen gemalt werden. Das Kind soll schmecken, dass die Tora süß ist.

Auch hier ließ ich es mir nicht nehmen, bei der Chalaka von Daniel am 8. März 2020 in Toronto dabei zu sein, und sah damit den einen Enkel, den ich in Jerusalem nicht gesehen hatte. Weil ich schon in Toronto war, habe ich gleich ein Round-Trip-Ticket genommen, war zu Purim in New York, wo ich auch den Mann und die fünf Kinder von Ruchi traf und wir alle gemeinsam am 10. März 2020 Purim feierten. Die Kinder habe ich noch umarmt, aber die anderen habe ich schon *elbow to elbow* begrüßt. Zuletzt landete ich am 12. März 2020 in der Früh in Wien.

Wozu habe ich euch mit diesen Daten gemartert?

Der liebe Gott hat das Datum der Hochzeit meines Enkels sowie das Datum des Haarschnitts so eingeteilt, dass ich alle meine Kinder und Enkel knapp vor der Corona-Krise gesehen habe. Und nur zwei Tage nach meiner Rückkehr gab es den ersten Lockdown.

Viele meiner Freunde sagten, als ich ihnen diese Geschichte erzählt habe: Was für ein glücklicher Zufall! Für gläubige Juden aber gibt es keine Zufälle, sondern es passieren nur Dinge, die Gott so gewollt hat. Dass das alles sich so abgespielt hat, kann ich nur bestätigen. Aber womit ich es verdient habe, weiß ich nicht.

Was ich dagegen sicher weiß, ist, dass viele Menschen besonders zur Anfangszeit der Corona-Krise regelrecht daran verzweifelt sind, ihre Verwandten nicht sehen zu können, weil sie nicht so viel Glück hatten wie ich. In solchen und ähnlichen Lagen denke ich gerne an den Rat eines berühmten, chassidischen Rabbiners namens Twersky, der außerdem auch Psychoanalytiker ist. Es ist nämlich nicht so, dass Rabbiner immer nur Rabbiner sind, manche haben noch einen zweiten Beruf, sind Ärzte, Rechtsanwälte, Psychoanalytiker – oder Bestsellerautoren.

Rabbiner Twersky also sagte einmal: „Wenn du deprimiert bist, ist noch lange nicht alles verloren. Es gibt Schlimmeres, als deprimiert zu sein: wenn du dich aufgibst und verzweifelst."

Wegen der Corona-Situation deprimiert zu sein ist normal. Aber Verzweiflung ist schlecht. Um sie zu vermeiden, soll man nicht nur an das denken, was man verloren hat, sondern auch an das, was man noch hat. Das heißt im Falle eines Lockdowns, bei dem man von den Verwandten getrennt ist: Du hast noch Kinder, auch wenn du sie gerade nicht treffen kannst. Außerdem ist der Ewige so gütig gewesen, das Smartphone und Zoom zu erfinden, damit wir in Zeiten physischer Distanz nicht nur die Stimmen unserer Liebsten hören, sondern auch ihre Gesichter sehen können. Verzweiflung ist erst angebracht, wenn alles verloren ist.

Auch wenn ein Angehöriger erkrankt, kommen selbstverständlich oft Menschen zu mir, die um seelsorgerischen Beistand bitten. Und im Judentum gibt es ein eigenes Gebet für die Gesundung der Kranken, ob sie nun an Corona oder einer anderen Erkrankung leiden. Dieses Gebet lautet wörtlich aus dem Hebräischen übersetzt: „Lieber Gott, heile meine kranken Freunde (hier sagt man dann die betreffenden Namen) und meine kranken Freundinnen (mit den betreffenden Namen) und auch alle anderen Kranken, die ich nicht kenne."

WARUM BETE ICH AUCH FÜR DIE ANDEREN, die ich nicht kenne? Der Grund hierfür ist mit einem Wort ausgedrückt: Solidarität!

Dazu passt folgende weise Geschichte, die mir mein Vater, der zugleich mein erster Lehrer war, vermittelt hat. Es heißt im Talmud: Wenn Herr Schwarz ein Gebet für Herrn Weiß spricht, und auch er selbst hat das gleiche Problem, dann wird der Ewige (hoffentlich) beide Wünsche erfüllen.

Ich gebe dafür gerne eine humorvolle Erläuterung: Herr Schwarz hat zum Beispiel eine Tochter, die schon dreißig ist und noch keinen Bräutigam gefunden hat, was für Orthodoxe eine Katastrophe darstellt. Herr Weiß wiederum hat zufällig auch eine unverheiratete dreißigjährige Tochter.

Wenn jetzt Herr Schwarz zum Ewigen betet: „Lieber Gott, schau doch, dass mein Freund einen Bräutigam für seine Tochter findet", dann sagt Gott: „Du bist ein guter Mensch, du hast für den anderen gebetet. Ich erfülle auch deinen Wunsch und schicke dir einen Bräutigam für deine Tochter."

Das ist natürlich keine Garantie, denn Gott ist schließlich nicht der Amazon-Lieferservice, sondern verfolgt seine eigenen weisen Pläne.

Warum schreibe ich so viel über Krankheit? Weil ich dieses Buch zur Zeit der Corona-Pandemie geschrieben habe. Egal, wann es erscheint: Diese Krise wird in unseren Köpfen und Herzen lebendig sein.

Wenn wir krank sind, dann beten wir nicht nur zum lieben Gott für unsere Gesundheit, wir Juden gehen natürlich auch zum Arzt. Aber der Arzt ist ein besserer Arzt, wenn er weiß, dass er zwar ein Doktorat in Medizin hat, der liebe Gott ihm aber hilft. Das erinnert mich an das Wiener Lied: „Wenn der Herrgott nicht will, hilft das gar nichts ..."

Denn wir Menschen sind in einer Partnerschaft mit Gott, sagen die Rabbiner. An den ersten sechs Tagen hat der Ewige die Welt allein erschaffen, da gab es noch keine Menschen. Aber seit es Menschen gibt, müssen diese in der Weiterentwicklung der Schöpfung tätig sein. Das aber gelingt nur denen, die anerkennen, dass sie Gottes Hilfe brauchen. Maimonides, ein Rabbiner aus dem Mittelalter, der auch Arzt war, hat folgendes Gebet für Ärzte geschrieben: „Lieber Gott, hilf mir, die Menschen zu heilen."

IN JEDEM FALL ist die Corona-Krise hoffentlich eine Ausnahmesituation. Das bedeutet auch für uns Rabbiner, dass wir Regeln und Bräuche, die bis jetzt gegolten haben, daraufhin überprüfen müssen, ob sie für diese Ausnahmesituation abgeändert werden sollten.

Ich habe in meinem ersten Buch für den Brandstätter Verlag den Unterschied zwischen einem Rabbiner und einem Oberrabbiner folgendermaßen beschrieben: Der Rabbiner muss die Regeln kennen, der Oberrabbiner aber auch die Ausnahmen. Tatsächlich ist es für mich ein besonderes Glück, in dieser Lage Oberrabbiner zu sein, denn die Ausnahmen sind gewissermaßen mein Fachgebiet. Vieles, was im Alltag normalerweise gilt, hat sich in der Corona-Zeit ins Gegenteil verkehrt. Wenn mir früher jemand auf der Straße ausgewichen ist, empfand ich das als verletzend. Heute glaube ich, dass das ein gescheiter Mensch ist, der mich und sich schützt.

Aber kommen wir zu den Ausnahmen auf religiösem Gebiet. Es gibt einen Grundsatz, dass ein Jude oder eine Jüdin, wenn er oder sie ein Fest feiert – zum Beispiel eine Hochzeit oder Bar Mizwa –, viele Freunde einlädt. Das ist in anderen Religionen natürlich auch so. Man soll seine Freuden mit vielen Freunden teilen.

Generalprobe für eine Bar Mizwa im Stadttempel

Auf dem Höhepunkt der Corona-Krise war es selbstverständlich nicht möglich, viele Menschen einzuladen. Jüdische Hochzeiten sollten aber nach jüdischem Brauch nicht verschoben werden. Das geht so weit, dass sie, selbst wenn ein Elternteil der Braut oder des Bräutigams wenige Tage vor der Zeremonie stirbt, trotzdem im kleinsten Rahmen und ohne viel Tamtam abgehalten werden.

Aber in der Corona-Zeit können wir uns anders verhalten und eine Hochzeit verschieben. Oder man kann auch eine Chuppa – eine Hochzeitszeremonie – abhalten, bei der nur Braut und Bräutigam sowie deren Eltern und ein Rabbiner anwesend sind, Masken tragen und Abstand halten.

Zu mir kam im April 2020 eine weinende Großmutter, die sagte: „Man darf eine Hochzeit nicht verschieben, und wenn die Eltern des Bräutigams aus London nicht kommen können, ist das ein großes Pech, aber man darf sie nicht verschieben." Und ich, der Oberrabbiner, sagte zu ihr: „Zu Zeiten der Krise darf man verschieben." Da hörte sie zu weinen auf und war sehr erleichtert, weil ich sie mit diesen einfachen Worten von der fixen Vorstellung befreit hatte, dass sie und ihre Familie sich als gute Juden sklavisch an diesen Brauch zu halten hätten.

Verschieben ist aber nicht die einzige Möglichkeit, wie ein Freund von mir bewiesen hat, der mit seiner Braut in Israel in einem Kibbuz gefeiert hat. Sie waren kreativ, indem sie ihre Hochzeit zum geplanten Zeitpunkt feierten, viele Freunde einluden und trotzdem nicht gegen die Corona-Vorsichtsmaßnahmen verstießen. Die beiden standen zu zweit unter der Chuppa, dem Hochzeitsbaldachin, die Zeremonie dauerte mit Rabbiner und Eltern nur fünf Minuten. Für danach hatten sie statt eines Rolls-Royce oder Fiakers einen großen, offenen Lastwagen bestellt und ihn mit einer guten Lautsprecheranlage ausgestattet. Auf der Ladefläche dieses Lastwagens standen die Frischvermählten – ähnlich wie der Papst im Papamobil –, die Musik spielte und dröhnte laut. Und wo waren die Gäste? Ganz einfach: Freunde und Bekannte bevölkerten die Balkone links und rechts der Straße, durch die der Lastwagen fuhr, sangen und klatschten mit, und manche tanzten sogar auf dem Balkon ihrer eigenen Wohnung.

Auch bei Beerdigungen und Beileidsbekundungen führte die Ausnahmesituation Corona zu schwierigen Entscheidungen und Grenzfällen. Der jüdische Brauch besagt, dass man sieben Tage nach dem Begräbnis nicht ausgehen darf und dass Familie und Freunde aufgefordert sind, die Trauernden zu besuchen, zu trösten und mit ihnen zu reden. Gleichzeitig ist es in der Früh und am Abend üblich, einen Gottesdienst in dem Trauerhaus abzuhalten, an dem zumindest zehn Erwachsene teilnehmen.

Nun wurde ich gefragt, ob ein Freund des Trauernden, der in New York lebt, ihm auch telefonisch kondolieren kann, wenn es ihm wegen Corona nur schwer möglich ist, nach Wien zu fliegen und ihn zu besuchen. Hier musste ich allerdings keine neue, kreative Erklärung abgeben, sondern ich habe in den modernen rabbinischen Büchern folgende Entscheidung zu ähnlichen Fällen gefunden, auf die ich meinen Rat stütze:

Die allgemein akzeptierte Auslegung ist, dass der Tröstende, wenn er in derselben Stadt wohnt wie der Trauernde, seinen Trostbesuch nicht telefonisch machen sollte. Wenn aber Vater oder Mutter eines meiner Freunde in Amerika verstirbt, kann man von mir nicht verlangen, dass ich mir ein Ticket kaufe und hinfliege, um ihn persönlich zu trösten. In diesem Fall genügt auch ein mitfühlender Anruf.

Am Höhepunkt der Corona-Krise starb in Israel der Vater eines Wiener Rabbiners. Er konnte wegen Corona nicht zum Begräbnis seines Vaters fliegen, das hat ihn aber nicht von der Pflicht entbunden, die sieben Trauertage einzuhalten, was er in Wien auch tat. Weil er ein weiser Rabbiner ist, habe ich ihn mit folgenden Worten am Telefon angesprochen: „Lieber Kollege, ich hoffe, Sie sind mit meiner Rechtsentscheidung einverstanden, Sie jetzt nicht zu besuchen und Ihnen, obwohl ich in derselben Stadt wohne, telefonisch zu kondolieren."

Und er sagte: „Sie haben selbstverständlich recht, und auch sonst kommt niemand zu Besuch."

Da konnte ich mir nicht verkneifen zu sagen: „Die anderen haben also auch verstanden, was der Oberrabbiner entschieden hat."

Noch einmal eine andere Frage ist natürlich, wie man in so einer Ausnahmesituation mit Vergnügungen umgehen soll. Auch dazu wurde ich befragt, denn der Mensch lebt bekanntlich nicht vom Brot allein. Unter anderem trug man das wichtige Thema an mich heran, wie man es in Corona-Zeiten mit dem Skiurlaub und den damit verbundenen Après-Ski-Partys zu halten habe. Ja, auch auf solchen Gebieten hat ein Oberrabbiner firm zu sein, und tatsächlich konnte ich dem Fragesteller unter Rückgriff auf ein Jugenderlebnis Auskunft erteilen:

Vor circa fünfzig Jahren war ich mit meiner Schwester und meiner Mutter zum Skifahren in St. Moritz. Wir sind nicht ausgerechnet dorthin gefahren, weil wir so reich waren, sondern weil dort ein streng koscheres Hotel stand. Das ermöglichte uns, einerseits Ski zu fahren und andererseits koscher zu essen, was auf den Skihütten natürlich nicht möglich gewesen wäre. Frühstück und Abendessen nahmen wir im Hotel ein, und zu Mittag aßen wir auf der Piste ein koscheres Sandwich – auf der Piste deshalb, weil die Skihütten ihre Plätze für zahlende Gäste reservierten und sie nicht von orthodoxen Juden mit mitgebrachten Speisen besetzt sehen wollten.

Auf 2.000 Meter Höhe brennt die Sonne im Februar unbarmherzig herunter. Wir waren nach einer Woche braun gebrannt, als wären wir an der Riviera gewesen.

Nach einer Woche war der Urlaub leider schon wieder vorbei, und wir mussten nach Hause fahren. Wir fuhren in einem Zugabteil, in dem vier Leute Platz hatten. Meine Mutter, meine Schwester und ich waren zu dritt, als Vierte kam ein leichenblasses Mädchen mit Ringen unter den Augen herein. Ich machte mir Sorgen um ihren Gesundheitszustand. Um mich an dieses Thema taktvoll heranzutasten, fragte ich sie, wo sie die letzten Tage verbracht habe. Sie darauf: „Ich war eine Woche in St. Moritz."

„Das kann nicht sein", antwortete ich, „da ist man so braun gebrannt wie meine Schwester, meine Mutter und ich, aber sicher nicht leichenblass wie du."

Da lachte sie und erklärte mir, dass sie nur zum Après-Ski nach St. Moritz gereist war. Sie war überhaupt nicht Ski fahren gewesen und hatte sich stattdessen nur dem Feiern hingegeben: „Ich hab jede Nacht bis fünf Uhr früh gefeiert, dann bis fünf Uhr Nachmittag geschlafen, gefrühstückt, um elf in der Nacht Mittag gegessen, und dann war ich von zwölf bis fünf in der Diskothek."

Wir fanden das damals sehr eigentümlich, dass jemand extra in einen Skiort fährt, ohne dort Ski fahren zu gehen. Aber in Zeiten von Corona ist das nicht nur eigentümlich, sondern sogar lebensgefährlich! Deshalb: Ski fahren ja, Après-Ski nein, sagt der weise Rabbi.

ÜBERHAUPT, UND DAMIT kehren wir noch einmal zur Frage der Depression zurück, ist das Wichtigste, in Zeiten von Krisen nicht zu verzweifeln. Und das fällt leichter, wenn man über guten Humor verfügt, weswegen es kein Zufall ist, dass wir Juden im Allgemeinen und wir Oberrabbiner im Speziellen oft gut darin sind, unterhaltsame Geschichten zu erzählen.

Zum Beispiel die lehrreiche Geschichte, die von zwei jungen Geschwistern handelt, die lange vor der Gründung des Staates Israel dorthin ziehen wollten. Dort waren damals die materiellen Verhältnisse nicht die besten, und es gab dauernd gefährliche Reibereien zwischen Arabern und Juden. Trotzdem entschieden sich viele junge Jüdinnen und Juden, nach Israel zu ziehen.

Die beiden stammten aus Budapest. Damals gab es noch keine Flüge, und so mussten sie mit dem Zug nach Triest fahren und dort auf ein Schiff umsteigen. Die Eltern der Geschwister waren wegen der Reiseschwierigkeiten sehr besorgt und wollten das Ganze verhindern, aber die Kinder bestanden darauf.

Was macht ein frommer Jude in Budapest in dieser Situation? Er holt sich Rat von einem Rabbiner. So gelangten sie zu meinem Vater Akiva Eisenberg, der damals schon den Aufbau eines jüdischen Staates mit Wohlwollen betrachtete. Deshalb gefiel ihm die Idee, dass junge Menschen nach Israel gehen. Also fragte er die Eltern, für welchen Tag die jungen Leute die Tickets gekauft hätten, und sie antworteten: „Sie wollen in einem Monat fahren."

Da meinte mein Vater beruhigend: „Macht euch keine Sorgen. Sie fahren noch nicht" (auf Jiddisch: „Men fuhrt noch nisch.").

Die Eltern gingen nach Hause, kamen aber nach zwei Wochen wieder zu Rabbiner Eisenberg und fragten, was sie jetzt tun sollten. Er antwortete wieder: „Men fuhrt noch nisch."

Am Abend vor der geplanten Abreise kamen die Eltern noch einmal zum ihm, und er sagte wieder: „Men fuhrt noch nisch", versicherte aber, am nächsten Tag zum Bahnhof zu kommen.

Dort trafen die Eltern am nächsten Tag wieder meinen Vater, die Kinder verabschiedeten sich von allen, und die Eltern, die immer noch auf eine Intervention des Rabbis hofften, fragten ihn: „Rebbe, nu?" Und er schon wieder: „Men fuhrt noch nisch."

Die Kinder saßen schon im Zug, die Bahn pfiff und setzte sich langsam in Bewegung, und flehend wandten sich die Eltern ein letztes Mal an meinen Vater.

Der aber sagte nur: „Jetzt fuhrt men."

ES IST EINFACH, DIESE GESCHICHTE als bloßen Witz misszuverstehen. In Wirklichkeit steckt große Weisheit in ihr, die uns gerade während der Corona-Krise nützlich sein kann. Wir Menschen neigen nämlich alle dazu, uns vor in der Zukunft liegenden Ereignissen zu fürchten. Manchmal geht das so weit, dass die Angst vor dem Eintreten dieser Ereignisse schlimmer als das befürchtete Unglück selbst ist. Ein berühmter jüdischer Schachspieler fasste dieses Faktum, bezogen auf das Brettspiel, in einen Aphorismus: „Die Drohung ist stärker als die Ausführung."

So sind viele Menschen auch in der Corona-Krise geplagt von verständlichen Zukunftsängsten und Horrorszenarien von überfüllten Krankenhäusern und an der Infektion versterbenden Liebsten. Das alles ist nicht ausgeschlossen – so wie es im Leben niemals ausgeschlossen ist, dass uns Schlimmes, auch Schlimmstes ohne Vorwarnung zustoßen kann. Wenn die Angst zu groß und die Fantasie zu blühend wird, dann sollten wir uns aber alle an das Wort meines Vaters aus obiger Geschichte erinnern und uns selbst ein „Men fuhrt noch nisch" zuflüstern.

WENN DER REBBE DAS BUCH FERTIGSCHREIBT

DAS BUCH EINES RABBINERS muss mit der Hoffnung auf Erlösung enden. Ich habe in diesem Buch noch nichts über den Messias geschrieben. Was den Messias betrifft, sind wir Juden uns ja einig, dass er noch nicht da war.

In einem Propheten-Buch heißt es, dass der Messias zur vorbestimmten Zeit kommen wird, und auch, dass er sich beeilen wird. Das sieht der Talmud als Widerspruch: Kommt er pünktlich oder so früh wie möglich?

Der Talmud antwortet: Wenn die Menschen nicht „brav" sind, kommt er spätestens zu der vorbestimmten Zeit, die wir allerdings nicht kennen. Wenn aber alle Menschen brav oder alle Menschen schlecht sind, dann kommt er genau zu diesem Zeitpunkt.

Warum? Wenn alle brav sind, dann verdienen sie, dass der Erlöser kommt. Wenn aber alle schlecht sind, dann muss er auch kommen – sonst ginge ja die Welt zugrunde.

Deshalb gab es kürzlich eine Weltversammlung aller Juden, bei der dieses Problem besprochen wurde. Sie sahen es nicht als realistisch an, dass sie alle gleichzeitig „brav" sein würden. Daher, so entschied man, wäre die zweite Strategie anzuwenden, nämlich, dass alle Juden den nächsten Schabbat nicht halten. Denn dann sind alle Sünder, und der Erlöser müsste sofort kommen.

Für die frommen Juden war das ein Sakrileg, aber um die Erlösung zu beschleunigen, waren doch alle einverstanden, den nächsten Schabbat nicht zu halten. Als der Erlöser dann nach dem nächsten Schabbat doch nicht gekommen war, wussten sie keinen Rat. Es gab eine neue Vollversammlung, bei der nach der Ursache geforscht wurde.

Bis ein frommer Jude aus ihrer Mitte plötzlich in heiligem Zorn herausplatzte: „Ich habe es nicht über mich gebracht und den Schabbat doch gefeiert!"

Das war ein echter Fundamentalist. Also kann ich es nicht gewesen sein.

ABGESEHEN VON DER HOFFNUNG auf Erlösung gibt es aber auch noch kleinere Hoffnungen, die unser aller Leben prägen. Angesichts der Weltlage mit der Krise, die durch die Corona-Pandemie verursacht wurde, ist es wohl eine der größten Hoffnungen vieler Menschen – ob Juden oder nicht –, dass endlich wieder echte Normalität einkehrt, wir unser Leben wieder ohne Einschränkungen so leben können, wie wir es vor 2020 gewohnt waren.

Vielleicht wird es ja schon so weit sein, wenn dieses Buch erschienen ist, und ihr sitzt damit zum Beispiel gerade in einem belebten Kaffeehaus und freut euch, diese Zeilen in angenehmer Atmosphäre und guter Gesellschaft lesen zu können. Wenn nicht, dann gebt die Hoffnung aber nicht auf! Das Prinzip Hoffnung spielt gerade auch im Judentum eine wichtige Rolle.

So wurden etwa nach der Schoa, als viele sich keine Zukunft mehr vorstellen konnten, in Israel zum Zeichen der Hoffnung Tausende Bäume gepflanzt, von denen jeder einem der „Gerechten unter den Völkern" gewidmet war, jenen Menschen, die ihr eigenes Leben aufs Spiel gesetzt hatten, um Juden zu retten.

In den Psalmen schreibt König David, dass er auch in schlimmen Zeiten nie die Hoffnung verloren hat. Er hofft immer auf die Hilfe des Ewigen, die ihn retten wird. In einem Gebet, das wir Juden dreimal täglich sprechen, heißt es, dass wir immer darauf hoffen, dass der Ewige die Welt für uns reparieren kann! Aber wir alle können ihm dabei helfen, indem wir auf Ärzte und Wissenschaftler hören, uns sowie andere schützen und unsere Ansprüche für „nachher" reduzieren!

Letztlich glaube ich, dass die Chance besteht, dass die Menschen aller Völker und aller Religionen durch die Corona-Pandemie und ihre weltweiten Verheerungen enger zusammenrücken (auch wenn sie vorerst noch ein bisschen Abstand halten sollten). Schließlich hat uns diese Krise gezeigt, wie eng verbunden unsere Welt heute ist und dass wir die Probleme, die uns noch erwarten, nur lösen können, wenn wir sie gemeinsam in Angriff nehmen und aufeinander Rücksicht nehmen.

Wenn auch nur einige von uns diese Erkenntnis aus unserer Gegenwart mitnehmen, dann sind wir alle der Erlösung vielleicht schon wieder einen kleinen Schritt näher gekommen.

Liebe Leserin, lieber Leser,

hat Ihnen dieses Buch gefallen? Wollen Sie weitere Informationen zum Thema? Möchten Sie mit dem Autor in Kontakt treten? Wir freuen uns auf Austausch und Anregung!

leserbrief@brandstaetterverlag.com

Brandstätter Verlag
Wickenburggasse 26, 1080 Wien
Telefonnummer: 0043 1 512 15 430

Wir sagen Danke. Bleiben wir in Verbindung! Lassen Sie sich inspirieren!
Gute Geschichten, schöne Geschenkideen auf www.brandstaetterverlag.com

Teilen macht Freude!
#lachenweinenhoffnungschenken #paulchaimeisenberg #rockinrabbi

1. Auflage 2021
Alle Rechte vorbehalten

Copyright © 2021 by
Christian Brandstätter Verlag, Wien

Druck: Print Alliance HAV Produktions GmbH, 2540 Bad Vöslau
Designed and printed in Austria

ISBN: 978-3-7106-0510-9

Coverdesign & Satz: Peter Manfredini
Coverfoto: Gianmaria Gava
Redaktion: Anatol Vitouch
Lektorat: Joe Rabl
Korrektorat: Teresa Profanter
Projektleitung: Judith E. Innerhofer

Bildnachweis:
Sonja Bachmayer / Verein Wien–Tel Aviv: 24; René van Bakel / picturedesk.com: 120; Gerhard Deutsch / picturedesk.com: 106; Werner Kerschbaum / picturedesk.com: 128; Stefan Fürtbauer: 6, 152; Georg Hochmuth / picturedesk.com: 126; Privat: 27, 32, 48, 50, 63, 89, 99, 101, 103, 112/113, 164; Georges Schneider / picturedesk.com: 58, 123; Hans Klaus Techt / picturedesk.com: 130; Votava / Imagno / picturedesk.com: 45, 56; Harry Weber / ÖNB-Bildarchiv / picturedesk.com: 125, 150

Wir tragen Verantwortung!
Dieses Buch wurde auf hochwertigem, FSC®-zertifizierten Naturpapier gedruckt. Das Forest Stewardship Council® ist eine internationale Nicht-Regierungsorganisation, die weltweit eine umweltfreundliche, sozial gerechte und wirtschaftlich tragfähige Bewirtschaftung der Wälder fördert. Für die Druckproduktion und Endfertigung wurde auf umweltfreundliche, ressourcenschonende und schadstofffreie Produktionsweisen und Materialien geachtet. Die Druckerei ist FSC®-zertifiziert, das grenzüberschreitende Umweltgütesiegel „EU Ecolabel" zeichnet diesen Betrieb durch umweltfreundliche Produkte und Dienstleistungen aus.